高等医学院校实验教材

医学物理学实验教程

主　编　万永刚　薛俭雷

北京大学医学出版社

图书在版编目（CIP）数据

医学物理学实验教程/万永刚，薛俭雷主编. —北京：
北京大学医学出版社，2007.4
ISBN 978-7-81116-240-0

Ⅰ.医… Ⅱ.①万…②薛… Ⅲ.医用物理学—实验—医学院校—教材 Ⅳ.R312-33

中国版本图书馆 CIP 数据核字（2007）第 032368 号

医学物理学实验教程

主　　编： 万永刚　薛俭雷
出版发行： 北京大学医学出版社（电话：010-82802230）
地　　址： (100191) 北京市海淀区学院路 38 号　北京大学医学部院内
网　　址： http：//www.pumpress.com.cn
E - mail： booksale@bjmu.edu.cn
印　　刷： 北京地泰德印刷公司
经　　销： 新华书店
责任编辑： 刘　燕　　**责任校对：** 杜　悦　　**责任印制：** 郭桂兰
开　　本： 787mm×1092mm　1/16　**印张：** 6　**字数：** 146 千字
版　　次： 2007 年 6 月第 1 版　2009 年 9 月第 2 次印刷　**印数：** 4001-7000 册
书　　号： ISBN 978-7-81116-240-0
定　　价： 10.50 元

版权所有　不得翻印　违者必究
（凡属质量问题请与本社发行部联系退换）

齐齐哈尔医学院教材建设委员会

主任委员： 刘吉成

副主任委员： 张晓杰

委员： （按姓氏笔画为序）

王淑清　李　莉　李　涛
李荐中　李静平　孙迎春
孙要武　刘金煜　刘新堂
杨立群　张　浩　张春娣
张淑丽　苗　术　孟宪洪
崔光成　潘洪明

秘书： 云长海　李福森　韩　霜

前　言

医学物理学是建立在实验基础之上的一门自然科学。医学物理学实验是医学物理学的重要组成部分，是无法用理论课来替代的相对独立开设的一门课程。物理学实验方法和操作技能不仅是医学也是其它自然学科的实验教学、检测方法和科学研究的基础，因此，医学物理学实验课的教学目的不仅是要求学生掌握实验的物理理论，更重要的是学习物理的实验方法，进行操作技能的训练及培养学生自己动手进行科学实验、科学研究的能力和严谨的科学作风与实事求是的精神。

本书是根据卫生部颁布的《高等医学院校医学物理学教学大纲》，本着科学性、系统性、先进性、发展性、平衡性和适用性的原则，结合本校医学物理学实验课的教学实际情况与需要而编写的。其中第一章和第二章中的实验六、实验九由薛俭雷编写，其余部分由万永刚编写。

由于编者的水平有限，其不足乃至错漏之处在所难免，恳请使用本书的教师和学生批评指正，以便今后改进和提高。

编者
2007 年 5 月

目 录

第一章 绪 论 ... 1
- 一、实验室规则 ... 1
- 二、电学、电子学操作规程 ... 1
- 三、物理学实验的教学目的 ... 1
- 四、如何学好医学物理学实验 ... 2
- 五、医学物理学实验课的三个教学环节 ... 2
- 六、测量误差与数据处理 ... 3
- 思考题 ... 14

第二章 基本实验 ... 16
- 实验一 基本测量 ... 16
- 实验二 学习使用电子示波器 ... 21
- 实验三 摄 影 ... 29
- 实验四 分光计的调节 ... 34
- 实验五 液体粘滞系数的测量 ... 38
- 实验六 用分光计测定棱镜的折射率 ... 44
- 实验七 液体表面张力系数的测量 ... 47
- 实验八 暗室技术 ... 49
- 实验九 光波波长的测定 ... 52
- 实验十 弦本征振动的观测 ... 54
- 实验十一 显微摄影 ... 56
- 实验十二 万用电表的使用 ... 59
- 实验十三 人体阻抗的频率特性的测定 ... 63

第三章 综合性实验 ... 66
- 实验一 核磁共振（NMR）实验 ... 66
- 实验二 全息照相 ... 72
- 实验三 声速的测量 ... 77
- 实验四 B型超声诊断仪的使用 ... 81

第一章　绪　论

医学物理学是一门以实验为基础的自然科学,是高等医学院校各专业学生必修的重要的基础课程,而医学物理学实验则是理论课教学极为重要的有机组成部分。现代医学研究和临床诊断、治疗各方面都广泛应用着物理的实验手段和物理理论的指导,因此,医学院校的学生应努力学好医学物理学的理论课和实验课,为今后的学习和工作打下坚实的基础。

一、实验室规则

1. 进入实验室的一切人员必须严格遵守实验室的各项规章制度。
2. 实验前要根据指导教师的讲述或实验书上的说明检查仪器、元器件,如有缺损应立即向指导教师报告。
3. 未了解仪器性能之前切勿动手操作,使用仪器时必须严格遵守实验操作规程。
4. 学生不准私自拆卸仪器,不许做与本实验内容无关的实验。实验过程中要注意节约实验消耗材料。
5. 实验完毕,要清理仪器及元器件,填写仪器使用登记表。关闭电源和水道,做好卫生工作,经实验指导教师允许后方可离开实验室。
6. 如有损坏仪器或丢失器材,视情节轻重对有关责任者进行相应的处罚。

参加实验人员必须严格遵守上述规则。

二、电学、电子学操作规程

1. 首先认清实验仪器、元器件的名称、极性、标值。
2. 按电路图摆好各仪器及元器件位置,根据测量范围,选好量程,断开开关。一般用红色导线连接电源的"+"极输出。电表"+"极接高电势,"—"极接低电势。顺次连接电路。
3. 电路连接完毕后,必须请指导教师检查,确认无误后方可闭合开关。
4. 在实验测量过程中不允许改变仪器、仪表的量程,如需改变量程时,要断开电路(切断电源),在整个电路不通电的情况下,再重新选定量程。
5. 测量出实验数据后,经指导教师审阅许可后,方可拆卸电路。拆卸电路时,要先断开开关,关闭电源。再将实验仪器、各元器件及导线整理复原。

三、物理学实验的教学目的

1. 培养学生的动手能力,使学生在物理实验的基础知识、基本方法和实验技能等方面得到严格的训练,掌握基本物理量测量的原理和方法,学会正确选择和使用基本物理仪器、对实验数据进行正确判断和处理并对实验结果进行合理分析。
2. 通过对实验现象的观察、对物理量的测量和对实验结果的分析,使学生加深对物理学基本理论和定律的理解和掌握,逐步提高观察、分析实验现象和总结实验规律的能力。学习用所学过的理论知识分析和解决实验中所存在的问题。
3. 通过实验课的教学使学生在运用理论知识、采取合理的实验方法和实验技术手段解决实际问题方面得到必要的基本训练,初步培养学生会用实验手段解决实际问题的能力,同时培养学生严肃认真、实事求是的工作作风。

四、如何学好医学物理学实验

1. 端正学习态度,充分认识物理学实验课的重要性。医学物理学实验课的教学时数少,需掌握的内容多。要想在短时间内学会一整套物理学实验课的基本方法、知识和技能,没有严肃、认真的学习态度且不花费大力气和工夫是很难做到的。因此,学生应充分利用短暂的实验课教学时间。实验前充分地预习,实验中按实验要求合理进行实验操作,仔细观察、思考实验现象,正确记录实验数据,并对实验结果加以全面分析,实验结束后认真写好实验报告,认真上好每一次实验课。

2. 实验前应认真预习好基本物理仪器的原理和使用方法,只有在大学的医学物理学实验课课堂上学生才有机会接触许多精密、贵重的物理实验仪器和设备,因此在实验过程中要创造更多的使用和熟悉物理仪器的机会,尽可能做到熟练操作,为掌握复杂的医疗仪器打下基础。

3. 要注意养成良好的实验习惯,首先确保安全第一。根据实验场所的环境和实验所需的装置,正确合理地安排好各种装置、电源及导线的位置,做到实验线路一目了然,尽可能减少实验过程中可能发生的人为故障,使实验得以准确、无误、顺利进行。特别是进行电学实验时,一定要养成求稳不求快的习惯。对每一个连接点都要确保完好连接,否则线路中只要有一个点虚接,就会浪费大量时间去反复检查线路,甚至使整个实验得到错误的结论。

4. 要注意掌握实验中所采用的基本测量方法。基本测量方法是复杂测量方法的基础,实验过程中不但要理解其原理,同时要尽力熟悉和牢记。

5. 养成真实记录原始实验数据的习惯,字迹一定要清楚、整洁。对原始实验数据一定要实事求是地进行记录,要用钢笔将原始数据、实验环境的温度、所使用仪器的名称、编号等准确无误地记在事先设计好的表格和预习报告上。对于原始数据绝不能随意更改,有些学生当看到自己的实验结果与所预期的不相符合时便随意改动原始数据,这是物理实验的大忌。历史上许多物理定律都是由于实验数据与根据已有理论所预期的结果不相一致才得以被发现的。所以真实地记录原始数据是取得正确实验结果的前提。

6. 培养对实验结果进行分析、判断的能力。当实验结果与所预期的不相符合时,先根据不符合程度的大小来判断问题可能存在的环节,加以改正后重做实验。若无法判断出问题的原因,则请教师帮助解决,从中学会如何判断和解决问题,从而提高判断和分析的能力。

7. 珍惜每次实验课的时间。有时在完成规定的测量内容后还有剩余的时间,这时不要忙于结束实验。首先重新回忆和检查一下自己的整个实验过程,分析一下实验可能存在的问题,找出本实验的关键步骤所在,怎样做才能使实验更准确。如果仍有剩余时间则多进行一些仪器的操作,进一步掌握仪器的原理和使用方法。

五、医学物理学实验课的三个教学环节

物理学实验课是学生在教师指导下独立进行实验的课程。因此在整个实验课过程中要充分发挥学生的主观能动性,通过以下三个教学环节培养学生独立的工作能力和严肃认真、实事求是的工作作风。

1. 课前认真预习 认真阅读实验教材,充分了解本次实验的目的、原理和方法、内容和注意事项,同时对实验所用的仪器、设备、元件和实验步骤有一个大概的了解,在充分预习的基础上写出预习报告,并设计好数据记录表格。

2. 实验中正确操作　实验时要遵守实验室的规章制度,仔细阅读仪器的使用方法和注意事项,在教师指导下正确使用仪器。对于电学实验,必须经教师检查电路的连接正确无误后方可接通电源进行实验(电学、电子学实验须执行以下电学、电子学操作规程)。实验进行时应合理操作,认真思考、仔细观察,及时认真地把原始数据用钢笔记录在预先画好的表格内,如需删去已记录的数据,可用笔划掉,同时注明原因。测量完毕后请教师检查实验数据,合格后方可结束实验并请教师签字。

3. 写好实验报告　先对数据进行整理计算,然后用简洁的文字写好实验报告。实验报告应字迹清楚、文理通顺、图表正确、完整,逐步培养分析、总结问题的能力。实验报告的内容为:

(1) 实验题目、日期。
(2) 实验目的。
(3) 实验仪器及所用元器材(仪器应写出型号、编号、规格)。
(4) 简述实验原理、实验方法及步骤,并画出电路图。
(5) 完成数据表格及图线、图表等。
(6) 实验结果的表示及讨论。
(7) 附有教师签字的原始数据。

六、测量误差与数据处理

任何测量和实验都受到误差的影响,估算并分析误差是科学实验过程中极为重要的组成部分。有关误差理论及其应用已发展成为一门专门的学科,作为进行科学实验基本训练的物理实验课,必须赋予学生正确的最基本的误差理论知识,它包含误差的成因、减少测量误差的基本方法及其分类,以及误差的估算与测量结果的正确表达。本节讲的是基础的误差理论,它为物理实验而写,并适用于其它实验过程,是一切实验的基础知识。

(一) 测量与误差

1. 测量及其分类　物理实验内容包括两个重要的方面:一是对物理现象的细致地观察;二是对物理量的精确测量。观察是对现象的定性了解,测量是定量的研究。测量是物理实验的基础,研究物理现象、了解物质特性、验证物理原理都要进行测量。

所谓测量就是将待测量与规定的同类标准单位量相比较,在允许的误差范围内测得该待测量的大小。例如长度的单位是米、厘米和毫米;质量的单位是千克、克和毫克;电流强度的单位是安培、毫安和微安;时间的单位是秒、毫秒和微秒等,而且每一个测量值都是由数值(倍数)与单位构成。

根据获得测量结果的方法不同,测量可分为直接测量和间接测量。直接测量是指某些待测量可直接由仪器上读出。例如用米尺测物体的长度,用天平测物体的质量,用电流计测量线路中的电流,用秒表测量时间等都是直接测量。间接测量是指许多待测量往往不能直接测得,需要利用直接测量的量与待测量之间的已知函数关系进行运算,从而得到该待测量的测量结果。例如测量球体的体积 V 时,先直接测量球的直径 d,再经公式 $V=\pi d^3/6$ 可计算出球体的体积。

根据测量条件的同异,测量可分为等精度测量和非等精度测量。实验中对同一待测量,用同一仪器(或精度相同的仪器),在同一条件下进行的各次测量是等精度测量,否则是非等精度测量。等精度测量的各个测得量的可靠程度是相同的。因此,只有等精度测量量才能进行误差计算。

2. 测量的数据　直接测量的数据是从仪器上直接读取，因此直接测量的数据称为读数或原始数据，它是测量的原始依据。在实验中，原始数据必须边测量边记录，不得事后补记。

间接测量的数据是通过对直接测量的原始数据进行某种数学运算得到的，因此有时把间接测量的数据叫做得数。

3. 测量的误差及其分类　任何一个待测量在一定的条件下都存在着确定的客观真实值，这个值称为该待测量的"真值"。实际测得的量称为测量值。任何测量仪器、测量方法、测量环境、测量者的观察力等都不能做到绝对严密，因此测得的结果只能准确到一定的程度，不能认为测量的结果就是它的真值，真值是不可能确切测得的。

测量误差就是测量值与真值之间的差值。实验证明：测量结果都有误差，误差自始至终存在于一切科学实验和测量的过程中。在实验中，每使用一种仪器，进行一次测量，都会引入误差。测量一个物理量用的仪器越多，引入误差的机会就越多，因此应分析测量中可能产生的误差，尽可能消除或减少其影响，并对测量结果中未能消除的误差做出估算，这是物理实验和其它科学实验必不可少的工作，为此我们必须了解误差的概念、特性、产生的原因和估算方法等有关知识。

测量误差的来源是多方面的，就其性质而言可分为系统误差和偶然误差。

在一定的测量条件下做多次重复测量时，误差的数值和正负号有较明显的规律，这种误差称系统误差。系统误差主要是由于仪器本身的缺陷或没有按规定条件使用仪器（如天平臂不等、砝码的质量不准、仪器零点未校准等）；定理或公式本身不够严密或实验方法粗糙；实验者技术不够熟练，有不良习惯，使测量值总是有规律地朝某一方偏离真值等，因此系统误差又叫恒定误差，可以通过校准仪器、改进实验装置和实验方法或对测量结果进行理论上的修正而加以消除或尽可能减少。

偶然误差又称随机误差，是指在一定的测量条件下做多次重复的测量，误差出现的数值和正负号没有明显规律。这种误差是由于许多不可预测的偶然因素造成的。如测量时外界温度或湿度的微小起伏、杂散电磁场的干扰、不规则的机械振动和电压的随机波动等使实验过程中的物理现象和仪器的性能时刻发生随机的变化，致使每一次测量值围绕着测量的平均值发生有涨有落的变化。偶然误差的出现，就某一次测量值来说是没有规律的，其大小和方向都不能预知，但对一个量进行足够的多次测量，则会发现它们的偶然误差是按一定的统计规律分布的，并且正、负误差出现的机会相等。因此，增加重复测量的次数可以减少偶然误差，但是偶然误差是不可能消除的。

必须强调的是：误差与测量中的错误是根本不同的。测量中的错误是由于实验者在测量、记录或计算时读错、记错、算错或实验设计错误、操作不当等造成的。测量中的错误不是误差，它完全可以且必须避免。

4. 对测量结果的评价，即评价精度、正确度、精密度三者之间的关系　测量结果的正确度与精密度分别是系统误差和偶然误差的描述。从测量中可以知道，系统误差越大，测量结果对其真值的偏差也越大。通常将系统误差的大小作为反映正确度高低的定量指标。另一方面，对同一被测量做多次重复测量时，各测量值之间的接近程度是对测量值的精密度的描述。因此，在测量中偶然误差越大，则多次重复测量同一被测量所得的各次测量值相互之间的偏离也越大，即越分散，表明测量值的精密度越低。可见偶然误差可以作为反映精密度高低的定量指标。精度又称精确度，用它来描述测量结果与真值的接近程度。精确度包含了正确度和精密度两方面的含义。只有当系统误差和偶然误差都小时才能认为精确度高。精确度描述了对同一被测量做多次重复测量时,所有测量值对其真值的接近程度以及各测量值之间的接近程度。

正确度、精密度和精确度三者之间的关系可以用打靶时弹着点的分布情况来说明。如图1-1所示,图中(a)显示弹着点集中,表示精密度高,即偶然误差小,但位置不正,所有弹着点均离靶心较远,表示有一较大的系统误差,正确度低;(b)显示弹着点较分散,表示精密度不如(a),但所有弹着点都在靶心附近,表示正确度较(a)高,即系统误差较(a)小;(c)显示所有弹着点都集中于靶心,表示精密度和正确度都高,即偶然误差和系统误差均小,精确度高。

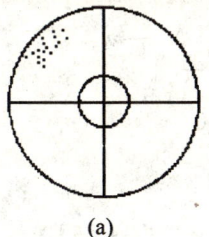 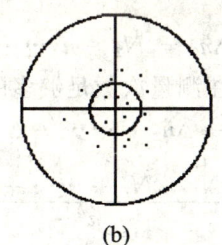 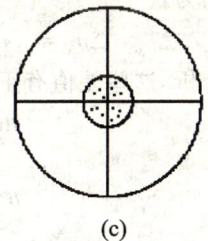

(a)　　　　　　　　　(b)　　　　　　　　　(c)

图 1-1　正确度、精密度、精确度的形象描述

(二) 系统误差的修正

在许多情况下,系统误差是影响测量结果精确度的主要因素,然而它又常常不明显地表现出来,因此,找出系统误差并设法修正它或消除它的影响是误差分析的一个重要内容。系统误差的表现各式各样,必须认真地研究和分析测量原理、仪器及装置的配置、仪器的调整和使用方法、测量条件的选择以及环境因素等与实验全过程有关的各个环节,采取适当的手段去消除系统误差对测量结果的影响。

下面简单介绍几种修正系统误差的方法。

1. 对理论公式进行合理的修正。
2. 严格遵守仪器、装置的调节要求和使用条件。
3. 采用特殊的测量方法。例如用复称法消除天平臂长不等所引起的误差;用电桥测电阻时,采用比较方法,用标准电阻代替待测电阻使电桥重新达到平衡,这时标准电阻的数值就是待测电阻值,这样可避免桥臂的系统误差;对分光计则采用对称测量方法以消除偏心误差等。以上只介绍了几种较简单的分析、修正系统误差的方法,但系统误差的问题往往都是很复杂的,解决它的方法也有多种多样,应该在实际工作中不断地学习和研究。

(三) 偶然误差的估计及测量结果的表示

现在我们假定在没有系统误差存在的情况下来讨论偶然误差问题。

直接测量和间接测量都有误差,间接测量的数据依赖于直接测量,因此直接测量的误差也必然影响到间接测量的误差,二者之间存在一定的联系。我们首先讨论直接测量的误差,然后讨论间接测量的误差,最后介绍测量结果的表示法。误差的表示方法有两种:一种是绝对误差,另外一种是相对误差,二者存在一定的联系。

1. 直接测量的误差

(1) 单次直接测量偶然误差的估计:实际工作中,有时测量不能重复,有时不需要精确测量,我们可采取一次测量并估计误差。估计误差要根据仪器上注明的仪器误差以及测量条件来确定。没有注明仪器误差的仪器,可取仪器的最小分度的一半作为本次测量误差,例如用米尺测量物体的长度,米尺的最小分度为 1 毫米时,误差可取 0.5 毫米。从教学角度看,只做一次测量的误差值,可根据实验的不同情况以及学生的实验技巧的高低来具体对待。

(2)多次测量偶然误差的估计:

① 以算术平均值代表测量结果:偶然误差在测量次数足够多的情况下服从统计规律,即测量值比真值大的几率和比真值小的几率几乎相等。在操作方法正确的情况下,各次测量的结果都应在真值附近。

设被测量的真值为 n,测量次数为 k,各次测量值分别为 $N_1, N_2, \cdots\cdots N_k$,则各次测量值与真值之差分别为:

$$\Delta n_1 = N_1 - n, \Delta n_2 = N_2 - n, \cdots\cdots \Delta n_k = N_k - n$$

根据前面的分析,这些差值有正有负,在测量次数足够多的情况下

$$\lim_{k \to \infty}(\Delta n_1 + \Delta n_2 + \cdots\cdots + \Delta n_k) = 0 \tag{1-1}$$

$$n = \lim_{k \to \infty} \frac{N_1 + N_2 + \cdots\cdots + N_k}{k} \tag{1-2}$$

式(1-2)表明无限多次测量值的平均值等于真值。

在实际测量中,实验次数总是有限的,当 k 为有限值时,式(1-1)不等于零,算术平均值也不等于真值,但接近于真值,测量的次数越多,就越接近于真值。算术平均值用 $\overline{N}$ 表示,即

$$\overline{N} = \frac{1}{k}\sum_{i=1}^{k} N_i = \frac{1}{k}(N_1 + N_2 + \cdots\cdots + N_i) \tag{1-3}$$

② 标准误差:根据误差的定义可知真值不能确定,因此误差也只能估计。估计偶然误差的方法有很多种,最常用的是用标准误差来表示偶然误差。

设对某一物理量在测量条件相同的情况下进行 k 次无明显系统误差的独立测量。用测量值算术平均值 $\overline{N}$ 来表示测量结果。每一次测量值 N_i 与 $\overline{N}$ 之差称为偏差,记为:

$$\Delta N_i = N_i - \overline{N} \quad i = 1, 2, \cdots\cdots k \tag{1-4}$$

显然每次测量的偏差有正、有负、有大、有小,因而常用"方均根"对它们进行统计,得到的结果就是单个测量值的标准误差,用 σ 表示:

$$\sigma = \sqrt{\frac{\sum_{i=1}^{k}(N_i - \overline{N})^2}{k-1}} \tag{1-5}$$

k 次测量结果的平均值 $\overline{N}$ 的标准误差 $\sigma_{\overline{N}}$

$$\sigma_{\overline{N}} = \frac{\sigma}{\sqrt{k}} = \sqrt{\frac{\sum_{i=1}^{k}(N_i - \overline{N})^2}{k(k-1)}} \tag{1-6}$$

式(1-6)表示多次测量减小了偶然误差。

③ 算术平均误差

还有一种偶然误差的估计方法是算术平均误差,记为:

$$\delta_N = \frac{1}{k}\sum_{i=1}^{k} |\delta_{N_i}| \tag{1-7}$$

式中 $\delta_{N_i} = N_i - \overline{N}$

算术平均误差常用于误差分析,实验设计或做粗略的误差计算。

2. 间接测量的误差计算

很多实验中进行的测量都是间接测量。间接测量的结果是由直接测量结果根据一定的数学公式计算出来的。因此,直接测量结果的误差必然影响间接测量的结果,这种影响的大小也可以由相应的数学公式计算出来。表达各直接测量结果的误差与间接测量结果的误差之间的关系式称为误差传递公式。

(1) 误差传递的基本公式:设间接测得量的数学表达式为

$$N = f(x, y, z \cdots\cdots) \tag{1-8}$$

$x, y, z \cdots\cdots$ 为独立的物理量(直接测得量)。对式(1-8)求全微分,有

$$dN = \frac{\partial f}{\partial x}dx + \frac{\partial f}{\partial y}dy + \frac{\partial f}{\partial z}dz + \cdots\cdots \tag{1-9}$$

把 $dN, dx, dy, dz \cdots\cdots$ 看做误差,式(1-9)就是误差的传递公式。当 $x, y, z \cdots\cdots$ 有微小改变 $dx, dy, dz \cdots\cdots$ 时,N 改变 dN,通常误差远小于测量值。

有时把(1-8)取对数后,再求全微分,有

$$\ln N = \ln f(x, y, z \cdots\cdots) \tag{1-10}$$

$$\frac{dN}{N} = \frac{\partial \ln f}{\partial x}dx + \frac{\partial \ln f}{\partial y}dy + \frac{\partial \ln f}{\partial z}dz + \cdots\cdots \tag{1-11}$$

式(1-9)和式(1-11)就是误差传递的基本公式。其中式(1-9)中的 $\frac{\partial f}{\partial x}dx, \frac{\partial f}{\partial y}dy, \frac{\partial f}{\partial z}dz,$ $\cdots\cdots$ 及式(1-11)中的 $\frac{\partial \ln f}{\partial x}dx, \frac{\partial \ln f}{\partial y}dy, \frac{\partial \ln f}{\partial z}dz \cdots\cdots$ 各项叫做分误差 $\frac{\partial f}{\partial x}, \frac{\partial f}{\partial y}, \frac{\partial f}{\partial z}, \cdots\cdots$ 或 $\frac{\partial \ln f}{\partial x},$ $\frac{\partial \ln f}{\partial y}, \frac{\partial \ln f}{\partial z} \cdots\cdots$ 叫做误差的传递系数。由式(1-9)及式(1-11)可见:一个量的测量误差对于总误差的贡献,不仅取决于其本身误差的大小,还取决于误差传递系数。对于和、差的函数,直接应用式(1-9);对于积商的函数,用式(1-11)更简洁合理。

(2) 偶然误差的传递与合成:由各部分的分误差组合成总误差,就是误差的合成,误差的传递公式(1-9)、(1-11)包含了误差的合成。

各个独立量测量结果的偶然误差,是以一定方式合成的。如果用标准误差代表偶然误差,它们的合成方式是方和根合成,根据式(1-9)及式(1-11)有

$$\sigma_N = \sqrt{\left(\frac{\partial f}{\partial x}\right)^2 \sigma_x^2 + \left(\frac{\partial f}{\partial y}\right)^2 \sigma_y^2 + \left(\frac{\partial f}{\partial z}\right)^2 \sigma_z^2 + \cdots\cdots} \tag{1-12}$$

$$\frac{\sigma_N}{N} = \sqrt{\left(\frac{\partial \ln f}{\partial x}\right)^2 \sigma_x^2 + \left(\frac{\partial \ln f}{\partial y}\right)^2 \sigma_y^2 + \left(\frac{\partial \ln f}{\partial z}\right)^2 \sigma_z^2 + \cdots\cdots} \tag{1-13}$$

常用函数的标准误差传递公式如表1-1所示。

由表1-1可见:加、减法运算用绝对误差平方和计算误差,乘、除法运算用相对误差平方和计算误差,都取正号。归纳起来求间接测量结果误差(标准误差的方和根合成)的步骤为:

① 对函数求全微分(或先取对数再求全微分)。
② 合并同一变量的系数。
③ 用标准误差代替微分项,求平方和。

科学实验中一般都采用方和根合成法来估计间接测量结果的偶然误差。如果系统误差是主要的,且其符号又不能确定,则不必区分系统误差和偶然误差,或假定偶然误差是在极端条件下合成的,我们将对公式(1-9)和(1-11)中各项取绝对值相加,即

表 1-1 常用函数的标准误差传递公式

函数表达式	标准误差传递(合成)公式
$N = x + y$	$\sigma_N = \sqrt{\sigma_x^2 + \sigma_y^2}$
$N = x - y$	$\sigma_N = \sqrt{\sigma_x^2 + \sigma_y^2}$
$N = x \cdot y$	$\dfrac{\sigma_N}{N} = \sqrt{\left(\dfrac{\sigma_x}{x}\right)^2 + \left(\dfrac{\sigma_y}{y}\right)^2}$
$N = \dfrac{x}{y}$	$\dfrac{\sigma_N}{N} = \sqrt{\left(\dfrac{\sigma_x}{x}\right)^2 + \left(\dfrac{\sigma_y}{y}\right)^2}$
$N = \dfrac{x^k y^m}{z^n}$	$\dfrac{\sigma_N}{N} = \sqrt{k^2\left(\dfrac{\sigma_x}{x}\right)^2 + m^2\left(\dfrac{\sigma_y}{y}\right)^2 + n^2\left(\dfrac{\sigma_z}{z}\right)^2}$
$N = kx$	$\sigma_N = k\sigma_x,\ \dfrac{\sigma_N}{N} = \dfrac{\sigma_x}{x}$
$N = \sqrt[k]{x}$	$\dfrac{\sigma_N}{N} = \dfrac{\sigma_x}{kx}$
$N = \sin x$	$\sigma_N = |\cos x|\sigma_x$
$N = \ln x$	$\sigma_N = \dfrac{\sigma_x}{x}$

$$\Delta N = \left|\frac{\partial f}{\partial x}\right|\Delta x + \left|\frac{\partial f}{\partial y}\right|\Delta y + \left|\frac{\partial f}{\partial z}\right|\Delta z + \cdots\cdots \tag{1-14}$$

$$\frac{\Delta N}{N} = \left|\frac{\partial \ln f}{\partial x}\right|\Delta x + \left|\frac{\partial \ln f}{\partial y}\right|\Delta y + \left|\frac{\partial \ln f}{\partial z}\right|\Delta z + \cdots\cdots \tag{1-15}$$

这种方法是误差的算术合成法,常用在误差分析、实验设计或做粗略的误差计算。常用函数的算术合成误差传递公式如表 1-2 所示。

表 1-2 常用函数的算术合成误差传递公式

函数表达式	误差合成(传递)公式
$N = x + y$	$\Delta N = \Delta x + \Delta y$
$N = x - y$	$\Delta N = \Delta x + \Delta y$
$N = x \cdot y$	$\dfrac{\Delta N}{N} = \dfrac{\Delta x}{x} + \dfrac{\Delta y}{y}$
$N = \dfrac{x}{y}$	$\dfrac{\Delta N}{N} = \dfrac{\Delta x}{x} + \dfrac{\Delta y}{y}$
$N = \dfrac{x^k y^m}{z^n}$	$\dfrac{\Delta N}{N} = k\dfrac{\Delta x}{x} + m\dfrac{\Delta y}{y} + n\dfrac{\Delta z}{z}$
$N = kx$	$\Delta N = k\Delta x,\ \dfrac{\Delta N}{N} = \dfrac{\Delta x}{x}$
$N = \sqrt[k]{x}$	$\dfrac{\Delta N}{N} = \dfrac{\Delta x}{kx}$

公式中每一项都取正值。加、减法运算用绝对误差相加计算误差,乘、除法运算用相对误差相加计算误差。

3. 测量结果的表示——绝对误差和相对误差

(1) 绝对误差：通常把测量结果写成 $N\pm\Delta N$，其中 N 是测量值，它可以是一次测量值，也可以是多次测量的平均值 $\overline{N}$，ΔN 是绝对误差。对多次测量的结果，一般用 $\overline{N}\pm\sigma_{\overline{N}}$ 代表 $N\pm\Delta N$。例如：测得一长度为 $L=7.04\pm0.06\mathrm{cm}$，它并不表示 L 只有 $7.04+0.06=7.10\mathrm{cm}$ 和 $7.04-0.06=6.98\mathrm{cm}$ 两个值，而是表示 L 在 7.04 附近正、负 $0.06\mathrm{cm}$ 的范围内包含真值的一定的可能性（几率）。因此，不排除多次测量中有部分测量值在 $N\pm\Delta N$ 以外。不同的估计方法得到的 ΔN 表示在 $N\pm\Delta N$ 范围内包含真值的不同的几率；或者说对于不同的置信度，ΔN 的大小是不同的。

(2) 相对误差：绝对误差可以说明测量结果的误差范围，但不能更客观地反映测量的准确程度。例如测量某物体长度的平均值为 $1.000\mathrm{m}$，绝对误差为 $1\mathrm{mm}$，测另一物体长度的平均值为 $1.0\mathrm{cm}$，绝对误差也为 $1\mathrm{mm}$。但误差对于平均值的百分比，前者小于后者，显然前者测量的准确程度高于后者。为此引入相对误差的概念，用 E 来表示

$$E=\frac{\Delta N}{N}\times100\%\left(\text{即等于}\frac{\sigma}{N}\text{或}\frac{\sigma_{\overline{N}}}{N}\times100\%\right) \qquad (1-16)$$

有时被测量的量有公认值或理论值，则用百分误差加以比较：

$$\text{百分误差}=\frac{|\text{测量值}-\text{理论值}|}{\text{理论值}}\times100\% \qquad (1-17)$$

相对误差与绝对误差之间的关系是：

$$\Delta N=N\times E=N\times\frac{\Delta N}{N} \qquad (1-18)$$

考虑到相对误差，测量结果应表示为

$$N'=N\pm\Delta N=N(1\pm E) \qquad (1-19)$$

则多次测量结果表示为

$$N=\overline{N}\pm\sigma_{\overline{N}}=\overline{N}\left(1\pm\frac{\sigma_{\overline{N}}}{N}\right)=\overline{N}(1\pm E) \qquad (1-20)$$

一般情况下相对误差可取两位数字。

由误差传递公式可以看出，间接测量量为和、差的函数时，应先计算绝对误差，而当间接测量量为积、商的函数时，应先计算相对误差，这将给误差计算带来很大的方便。

【例1】用单摆测定重力加速度的公式为 $g=\frac{4\pi^2 l}{T^2}$，今测得 $T=2.000\pm0.002\mathrm{s}$，$l=100.0\pm0.1\mathrm{cm}$。试求重力加速度 g 及其标准误差 σ_g 与相对误差 E_g。

解：已知，$g=\frac{4\pi^2 l}{T^2}$

按误差传递公式，g 的绝对误差为：

$$\sigma_g=\sqrt{\left(\frac{\partial g}{\partial T}\right)^2\sigma_T^2+\left(\frac{\partial g}{\partial l}\right)^2\sigma_l^2}=\sqrt{\left(-\frac{8\pi^2 l}{T^3}\right)^2\sigma_T^2+\left(\frac{4\pi^2}{T^2}\right)^2\sigma_l^2}$$

$$=\sqrt{\frac{16\pi^4}{T^4}\left(\frac{4l^2}{T^2}\sigma_T^2+\sigma_l^2\right)}=\frac{4\pi^2}{T^2}\sqrt{\frac{4l^2}{T^2}\sigma_T^2+\sigma_l^2}$$

$$=\frac{4\times3.142^2}{2.000^2}\sqrt{\frac{4\times100.0^2}{2.000^2}\times0.002^2+0.1^2}=2.2\mathrm{cm}\cdot\mathrm{s}^{-2}$$

$$g=\frac{4\pi^2 l}{T^2}=\frac{4\times3.142^2\times100.0}{2.000^2}=987.2\mathrm{cm}\cdot\mathrm{s}^{-2}$$

绝对误差一般取一位,测量结果最佳值的末位数应与绝对误差的位数对齐。因此,g 的测量结果应表示为:

$$g = (987 \pm 2) \text{cm} \cdot \text{s}^{-2}$$

g 的相对误差为:

$$E_g = \frac{\sigma_g}{g} \times 100\% = \frac{2.2}{987.2} \times 100\% = 0.22\%$$

(四) 电学测量的仪表误差

电学测量的仪表误差,一方面决定于仪表结构的完善程度,叫做仪表的基本误差,另一方面决定于仪表的安装是否合理,是否调试正常。我们主要讨论仪表的基本误差。设仪表刻度的任一标称值为 N_i,其与真值间的绝对误差为 ΔN_i,其中误差最大者为 ΔN_m。用 N_m 表示仪表刻度尺的满刻度读数(等于量程),则仪表的基本误差 α 记为

$$\alpha = \frac{\Delta N_m}{N_m} \times 100\% \tag{1-21}$$

仪表的基本误差是划分仪表准确度等级的依据。国家规定的准确度分为 0.1 级、0.2 级、0.5 级、1 级、1.5 级、2.5 级、5.0 级七级。这些相应的等级数字表示仪表的基本误差。例如,0.1 级仪表的基本误差为 0.1%,2.5 级仪表的基本误差为 2.5%。

在使用电学仪表时,最大误差范围 ΔN_m 可由式 (1-21) 得出:

$$\Delta N_m = N_m \cdot \alpha \tag{1-22}$$

式中,N_m 为选择的量程,α 由仪表等级确定。

测量的相对误差 E 也可求出。设量程为 N_m,某次测量值为 N_i,最大绝对误差为 ΔN_m,则相对误差为:

$$E = \frac{\Delta N_m}{N_i} = \frac{\Delta N_m}{N_i} \cdot \frac{N_m}{N_m} = \frac{\Delta N_m}{N_m} \cdot \frac{N_m}{N_i} = \alpha \cdot \frac{N_m}{N_i} \tag{1-23}$$

此式说明,相对误差的大小与仪表的准确度级别 α 及量程大小成正比,与待测量的大小成反比。除了尽量选择准确度级别高的仪表外,在不超过最大测量值的前提下,尽量选择较小的量程来减小测量的误差。这里应强调选量程的重要性,在仪表级别已确定的情况下,量程选得过小容易损坏电表,量程选择过大,又会使测量误差增大,二者必须兼顾。

一旦仪表的量程确定后,就是如何从仪表上读取测量原始数据的问题。关键是如何确定有效数字的可疑位(下面会讲到有效数字的问题)。方法是,先由式 (1-22) 求出绝对误差 ΔN_m,再确定有效数字的可疑位及相对误差。

【例 2】准确度级别为 0.1 级的万用电表,量程为 10V,仪表指示数为 8.26V,求其绝对误差、最后的读数及相对误差;如果万用电表的准确度级别为 1 级,量程和仪表的指示数均不变又如何?

解:

绝对误差:$\Delta N_m = N_m \cdot \alpha = 10 \times 0.1\% = 0.01 V$

由此可确定读数的可疑位在百分位上,读数为 8.26V。

相对误差:$E = \dfrac{\Delta N_m}{N_i} = \dfrac{0.01}{8.26} = 0.12\%$

测量结果:$U = (8.26 \pm 0.01) V$。

若仪表的准确度级别为 1 级,则 $\Delta N_m = N_m \cdot \alpha = 10V \times 1\% = 0.1V$。读数的可疑位在十分位,因而不能读 8.26V,而应读作 8.3V。

相对误差：$E=\dfrac{\Delta N_m}{N_i}=\dfrac{0.1}{8.3}=1.2\%$

测量结果：$U=(8.3\pm0.1)\text{V}$。

以上的计算表明，在仪表的指示数及量程均相同的条件下，仪表的级别不同，测量结果的可疑位、误差及最后读数均不相同。

（五）有效数字及其运算

1. 有效数字的概念：当用仪器对某一物理量进行测量时，由于仪器精度（即仪器上的最小分度）的限制和读数无法完全准确等原因，所以只能读出其近似值。仪器的精度越高，它的最小分度值就越小。仪器的精度限制了测量的准确程度。例如用米尺测量某一物体的长度，测得的值是在 4.6cm 和 4.7cm 之间。若要再准确一点，就要在 0.1cm 以下进行估测读数。例如估测的读数为 4.64cm，最后一位的"4"就是实验者用自己的眼睛估测的读数，显然不够准确。不同的实验者估计的数值也不一定相同，因此这个末位数就是可疑的数字，这一位叫可疑位，或称欠准确位，低于可疑位的数字是无意义的，要四舍五入。直接测量数据的可疑位就是仪器最小分度的下一位。

综上所述，把测量的数据记录到可疑位为止，这样的数据叫做有效数字。直接测量的有效数字决定于测量仪器的精度，有效数字的位数不能随意增减。

确定有效数字的位数时应注意的事项：

（1）有效数字与"0"的关系。测量数据末位的"0"记为有效数字，它表示这一位是可疑位。有效数字首部的"0"不记为有效数字。例如用米尺测量物体的长度为 5.40cm＝0.0540m，二者均为三位有效数字。

（2）有效数字的位数与小数点的位置无关。同一数据用不同的单位，小数点的位置因单位而异，但有效数字的位数不变。例如，1500mm＝150.0cm＝1.500m；7530mA＝7.530A，均为四位有效数字。

（3）较大数和较小数的有效数字用科学记数法表示。例如：钠光波长为 0.00005890cm＝5890×10^{-8}cm。

2. 有效数字与误差的关系　在医学物理实验中，为简便起见，绝对误差一般只取一位数字，相对误差取两位。

根据有效数字的定义，有效数字的最后一位是含有误差的，因此，确定测量结果有效数字位数的原则是：最后一位要与绝对误差所在的一位取齐。例如，电流 $I=(3.50\pm0.02)$A 的记录是正确的，$I=(3.5\pm0.02)$A 的记录是错误的。要确定测量结果的有效数字位数，首先应确定绝对误差的大小，然后按上述原则来判断。例如，某电流表最小分度为 0.01A，由于绝对误差为最小分度值的 1/10，因而应在小数点后第三位，测量时如果表针正好指在 1A 的刻度上，测量值应写成 1.000A。写成 1A、1.0A、1.0000A 等都是错误的。

有效数字与相对误差也有一定的关系。大体上说，有效数字位数越多，相对误差越小。两位有效数字，相对误差大约是 1/100～1/10，三位有效数字，相对误差大约是 1/1000～1/10，依次类推。

有效数字不但反映了测量值的大小，而且反映了测量的准确程度。有效数字的位数越多，测量的准确度就越高，例如，用不同精度的量具，测量同一物体的厚度 d 时，用最小分度为 1mm 的钢尺测量，$d=6.2$mm，仪器的误差 0.1mm，相对误差 $E=0.1/6.2=1.6\%$；用 50 分度的游标卡尺测量 $d=6.36$mm，仪器误差为 0.02mm，$E=0.02/6.36=0.31\%$；用螺旋测微计测

量 $d=6.347$mm，仪器误差为 0.001mm，$E=0.001/6.347=0.016\%$；由此可见有效数字多一位，相对误差 E 差不多要小于一个数量级。

3. 有效数字的运算规则　　有效数字的运算方法，是以误差理论为根据。间接测量最终结果的有效数字位数，也由误差计算来判断。这种方法的原则是：准确数字与准确数字相运算结果得准确数字；可疑数字与准确数字或可疑数字与可疑数字相运算结果为可疑数字。在运算中，把每一个数据中的可疑位下面加一横线，以示清楚。在有效数字的运算中，计算的最终结果要求保留最高一位可疑位，在其后的数字小于 5 则舍去，大于 5 则进位，等于 5 时把可疑位数字凑成偶数。例如，计算结果为 12.45 和 1.35，最终结果就取 12.4 和 1.4。

下面介绍常用的有效数字运算规则：

（1）和、差的有效数字：测量数据经过加法或减法运算后的和或差的可疑位，应以参加运算的各数中可疑位最高者为准，例如

$$22.344+5.4=27.744=27.7, 288.3-93.262=195.038=155.0$$

（2）积、商的有效数字：测量数据经乘法或除法运算后的积或商的有效数字位数，一般以参加运算的各数中位数最少者为准。例如，$4.325\times 1.5=6.4875=6.5$。此外，在乘法运算过程中，由于向高位进位，可能会使积的有效数字位数在高位增加一位（准确位）。例如 3.11 与 4.1 相乘，按前面所述规则，积的有效数字位数应为 2 位，但此时积有进位，所以积的有效数字位数应取三位。

还必须指出：在求复合量时，如运算过程可分几步，则中间结果的有效数字应比根据运算规则所得的多保留一位，以免由于舍入过多影响最后结果的精确性。

（3）乘方与开方的有效数字：乘方与开方所得结果的有效数字位数与底数位数相同。例如：

$$5.25^2 = 27.6 \qquad \sqrt{6.3} = 2.5$$

（4）三角函数的有效数字位数与角度的有效数字位数相同；对数的有效数字位数与真数的有效数字位数相同。例如：

$$\sin 30° = 0.50 \qquad \lg 224 = 2.35$$

（5）常数和自然数对有效数字无影响：在运算公式中可能含有某些常数。如 $\pi, e, \sqrt{5}, 1/6$ 等，在运算中一般比测量值多取一位即可。自然数如 1、2、3……等对有效数字也无影响。

（六）测量的不确定度

测量的目的是为了确定被测量的量值。测量结果的质量（品质）是量度测量结果可信程度的最重要的依据。测量不确定度就是对测量结果质量的定量表征，测量结果的可用性很大程度上取决于其不确定度的大小。所以，测量结果表述必须同时包含赋予被测量的值及与该值相关的测量不确定度，才是完整并有意义的。

表征合理地赋予被测量之值的分散性、与测量结果相联系的参数，称为测量不确定度。从词义上理解，"不确定度"即怀疑或不肯定，因此，广义上说，测量不确定度意味着对测量结果可信性、有效性的怀疑程度或不肯定程度。实际上，由于测量不完善和人们认识的不足，所得的被测量值具有分散性，即每次测得的结果不是同一值，而是以一定的概率分散在某个区域内的多个值。虽然客观存在的系统误差是一个相对确定的值，但由于我们无法完全认知或掌握它，而只能认为它是以某种概率分布于某区域内的，且这种概率分布本身也具有分散性。测量不确定度正是一个说明被测量之值分散性的参数，测量结果的不确定度反映了人们在对被测量

值准确认识方面的不足。即使经过对已确定的系统误差的修正后,测量结果仍只是被测量值的一个估计值,这是因为,不仅测量中存在的随机因素将产生不确定度,而且,不完全的系统因素修正也同样存在不确定度。

不要把误差与不确定度混为一谈。测量不确定度表明赋予被测量之值的分散性,是通过对测量过程的分析和评定得出的一个区间。测量误差则是表明测量结果偏离真值的差值。经过修正的测量结果可能非常接近于真值(即误差很小),但由于认识不足,人们赋予它的值却落在一个较大区间内(即测量不确定度较大)。

1. 有关不确定度的几个基本概念

(1) 不确定度:说明测量结果的参数,用以表征被测量真值的散布性,用符号 U 表示。

(2) A 类不确定度:由观测列的统计分析评定的不确定度。其标准不确定度称为 A 类标准不确定度,它的分量用符号 ΔA 来表示。

(3) B 类不确定度:由不同于观测列的统计分析评定的不确定度。其标准不确定度称为 B 类标准不确定度,它的分量用符号 ΔB 来表示。

测量不确定度从根本上改变了以往将测量误差分为偶然误差和系统误差的传统分类方法。按不确定度的获得方法,将可修正的系统误差修正后,把余下的全部误差划分为可以用统计方法评定的 A 类分量 ΔA 及以估算方法评定的 B 类分量 ΔB。两类分量通常用方差合成方法得出总不确定度 U,即

$$U = \sqrt{(\Delta A)^2 + (\Delta B)^2} \qquad (1-24)$$

应当注意的是,不确定度和误差是两个完全不同的概念,它们之间既有联系,又有本质区别。误差是个理想概念,常用于定性地描述理论和概念,而不确定度是有一定置信概率的误差限值的绝对值。在物理实验教学中,我们用不确定度来评价测量质量,进行定量计算,但在实验的设计、分析处理中,常常需要进行误差分析。

2. 不确定度的评定方法

(1) A 类分量的评定:A 类不确定度分量是用统计方法得出的,一般可用贝塞尔法:当对某一物理量 a 做几次等精度的独立测量时,得

$$x_1, x_2, \cdots\cdots x_n$$

则测量列标准误差估计值的贝塞尔公式为

$$\sigma = \sqrt{\frac{1}{n-1}\sum_{i=1}^{n}(x_i - \bar{x})^2} \qquad (1-25)$$

算术平均值 $\bar{x}$ 的标准不确定度为

$$\Delta A_x = \sigma_{\bar{x}} = \frac{1}{\sqrt{n}}\sigma \qquad (1-26)$$

此外,A 类标准不确定度也可用其它有统计学根据的方法计算。例如最小二乘法,极差法等。

(2) B 类分量的评定:B 类不确定度分量不能用统计法算得,需要采用其它方法。其中最常用的方法是估计法。在这里我们只介绍估计极限误差 Δ,并了解其误差分布规律的 B 类不确定度分量的评定。

在实际测量中,有些量是随时间而变化的,无法进行重复测量,也有些量因为对它的测量精度要求不高,没有必要进行重复测量,这些都可按单次测量来处理。

为了估算单次测量的不确定度,首先要估算出所有仪器的极限误差 Δ,它是仪器示值与真

值间可能存在的最大误差,置信概率为 99.73%(也可看成是 100%)。在正确使用仪器的条件下,任一测量值的误差均不大于 Δ。为使 ΔA 的置信概率与 ΔB 一致,则相应的不确定度为

$$\Delta B = \frac{1}{C}\Delta \tag{1-27}$$

C 为置信系数,它的取值与测量误差的分布状态有关。最常见的分布为正态分布,C 值取 3,则不确定度为

$$\Delta B = \frac{1}{3}\Delta \tag{1-28}$$

在有些情况下服从均匀分布,C 值取 $\sqrt{3}$,则不确定度为

$$\Delta B = \frac{1}{\sqrt{3}}\Delta \tag{1-29}$$

数字式仪表的读数误差,普通仪表读数的截尾误差,都服从均匀分布。多次测量值相同,属截尾误差,也应视为均匀分布。若一时无法判断其分布状态,可按正态分布来处理。值得提出的是,在很多情况下,测量值的极限误差与实验者的素质有关。

3. 测量结果不确定度的综合与表示 若测量结果含统计不确定度分量(A 类)与非统计不确定度分量(B 类),它们的表达值分别为 $\Delta A_1, \Delta A_2 \cdots \Delta A_i, \Delta B_1, \Delta B_2 \cdots \Delta B_i$。

当这些分量互相独立时,则它们的合成不确定度表征值为

$$U = \sqrt{\sum(\Delta A_i)^2 + \sum(\Delta B_i)^2} \tag{1-30}$$

用此式合成时,各分量必须具有相同的置信概率。

若测量值 $\bar{x}$ 不再含有应修正的系统误差,U 为测量的合成不确定度,则测量结果的最终表达形式是

$$X = \bar{X} \pm U$$

4. 不确定度的传播 通常物理实验中的间接测得量,不能在实验中直接测得,需要在直接测量的基础上利用直接测得量与间接测得量之间的已知的函数关系运算而得到间接测得量的结果。如何将直接测得量的不确定度与其它信息的不确定度合成以得到测量最后结果的不确定度,即间接测得量的不确定度,这就是不确定度的传播问题。

设间接测得量 N 与直接测得量 $x, y, z \cdots$ 的函数关系为

$$N = f(x, y, z, \cdots)$$

则物理实验教学中简化计算间接测得量不确定度 $\Delta N(U)$ 的公式为

$$\Delta N(U) = \sqrt{\left(\frac{\partial f}{\partial x}\right)^2(\Delta x)^2 + \left(\frac{\partial f}{\partial y}\right)^2(\Delta y)^2 + \left(\frac{\partial f}{\partial z}\right)^2(\Delta z)^2 + \cdots} \tag{1-31}$$

$$\frac{\Delta N}{N} = \sqrt{\left(\frac{\partial \ln f}{\partial x}\right)^2(\Delta x)^2 + \left(\frac{\partial \ln f}{\partial y}\right)^2(\Delta y)^2 + \left(\frac{\partial \ln f}{\partial z}\right)^2(\Delta z)^2 + \cdots} \tag{1-32}$$

这里每一个直接测得量的不确定度 $\Delta x, \Delta y, \Delta z \cdots$ 都应按前面讨论的方法和公式来计算。

思 考 题

1. 举例说明什么是系统误差?什么是偶然误差?
2. 指出下列有效数字的位数
(1) $L = 0.101$ mm (2) $L = 0.1001$ m

(3) $g = 9.80665 \text{m/s}^2$ (4) $P = 1.013 \times 10^5 \text{Pa}$

(5) $c = 3.00 \times 10^5 \text{km/s}$ (6) $I = 0.0055 \text{A}$

(7) $u = 1.66 \times 10^{-27} \text{kg}$ (8) $e = 1.602 \times 10^{-19} \text{C}$

3. 根据下列有效数字判断测量仪器的精度

(1) 0.050m (2) 1.4507cm

(3) 5.05m (4) 25.430A

(5) 36.66℃ (6) 2.675mm

(7) 0.0105g (8) $1.105 \times 10^3 \text{V}$

4. 指出下列各式中关于有效数字的错误

(1) $m = 0.4050 \text{kg}$ 是三位有效数字。

(2) $m = 1.4050 \text{g}$ 是四位有效数字。

(3) $0.3 \text{A} = 300 \text{mA}$

(4) $t = (10.60 \pm 0.4) \text{s}$

(5) $L = (15000 \pm 200) \text{m}$

(6) $(33.740 + 10.28 - 1.0036) = 43.0164$

(7) $22.30 \times 12.3 = 27.43$

(8) $3.212 \times 10^3 - 0.12 \times 10^2 = 32 \times 10^2$

5. 下列各题所列数据均为有效数字，试按有效数字运算规则进行运算

(1) $124.43 - 12.5 + 20.10$ (2) 233×31.24

(3) $0.28876 \div 0.0234$ (4) $\frac{1}{2} \times 9.81 \times 2.0^2$

(5) $\frac{(2.480 - 2.2) \times 5.898}{2.00}$ (6) $\sqrt{625}$

(7) $1.321 \times 10^{-3} + 0.0242$

(8) $2.00 \times 4.00 + 50.0 \times 1.00 + 20 \times 0.1$

6. 一个串联电路，5次测得通过电阻 R 的电流 I_i 分别为 0.212A、0.214A、0.208A、0.212A、0.211A，同时测得电阻两端相应电压降 U_i 分别为 42.22V、42.18V、42.20V、42.24V、42.28V。

求：(1) 每次测得的电阻值。

(2) 根据上述结果求电阻的平均值 $\bar{R}$ 及其绝对误差、相对误差，并写出测量结果。

第二章 基本实验

实验一 基本测量

【实验目的】

1. 掌握游标卡尺、螺旋测微计、读数显微镜的构造、原理及读数方法。
2. 通过测量金属球和金属凸凹物体的体积来进一步加深对误差、有效数字的概念的理解、掌握其运算方法。

【实验器材】

游标卡尺、螺旋测微计、读数显微镜、金属小球、金属凸凹物体、金属丝、软弹簧。

【实验原理】

1. 游标卡尺 游标卡尺的结构如图 2-1 所示。由钢制的主尺 D、副尺(游标)F 和尾尺 C 三部分组成。主尺 D 是一根毫米分度尺,其上附有钳口 A 和刀口 B。游标上刻有等分刻度,其上附有钳口 A′和刀口 B′以及可沿主尺滑动的尾尺 C。螺钉 E 用来固定游标。游标有 10 分度、20 分度、50 分度几种。当钳口 A、A′密接时,B、B′对齐,尾尺 C 与主尺尾部也对齐,这时主尺上的"0"刻线与游标上的"0"刻线重合。测量物体外部尺寸时,可将物体放在 A、A′之间,用钳口轻轻夹住物体。测物体的内直径或物体槽内长度时,可用刀口 B、B′。测量物体的凹孔的深度时,可用尾尺 C。

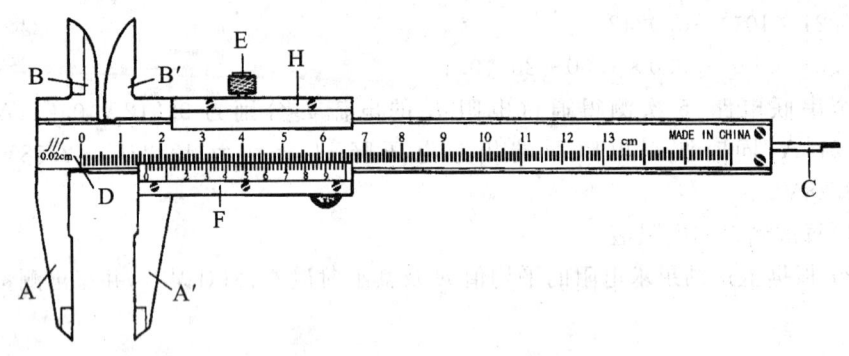

图 2-1 游标卡尺结构图

游标卡尺的规格有多种,其精度也不同。若游标上有 n 个小分格,则主尺与游标的关系是:主尺上 $n-1$ 个分格的长度等于游标上 n 个分格的长度。现以 50 分度的游标为例来说明读数原理。50 分度的游标的总长度与主尺上 49 个最小分度总长相等,而主尺上每一个最小分度为 1mm,这样游标每个分度长为 49/50=0.98mm,主尺最小分度值与游标最小分度值之差为 1/50=0.02mm,则此游标卡尺的精密度是 0.02mm。在测量物体的长度时,设物体的长度为 L,使钳口 A、A′与物体两端紧密接触,此时游标的零刻线位于主尺的第 k 刻线与 $k+1$ 刻线之间,如图 2-2 所示,则有 $L=kx+\Delta L$。其中 x 为主尺的最小分格长度,ΔL 为物体长度值的小数部分(以 mm 计)。因为游标的分度与主尺的分度不相等,游标上必然有第 n 根刻线与

主尺上某刻线对得最齐或重合,则

$$\Delta L = n \cdot \frac{x}{m} \quad (2-1)$$

其中,m 为游标上分格总数,所以

$$L = k \cdot x + n \cdot \frac{x}{m} \quad (2-2)$$

式中,$\frac{x}{m}$ 为游标卡尺的精密度。

综上所述,游标卡尺的读数方法可归纳如下:先读出游标尺零刻线前主尺上的分格数 k,然后看游标尺上哪一刻线与主尺某一刻线对齐,读出此时游标刻线的分度数 n,物体的长度即可由式(2-2)求得。

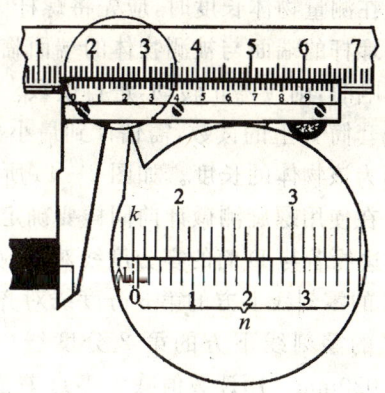

图 2-2 游标读数法

游标卡尺是常用的精密量具,使用时要观察主尺和游标的分度,确定其精密度。然后检查游标的零刻线与主尺的零刻线是否重合,如二者重合,测量时所读出的数值就是被测物体的长度。如二者不重合,则二者有一个微小差值,称为游标卡尺的零点差值(零误差),当游标上的零刻线在主尺零刻线右侧时,且游标第 n 条刻度线与主尺上某条刻度线对齐时,则零点差值为 $L_0 = n \cdot \frac{x}{m}$;当游标上的零刻线在主尺零刻线的左侧,且游标第 n 条刻度线与主尺上某条刻度线对齐时,则零点差值为:$L_0 = n \cdot \frac{x}{m} - x$,零点差值的"正"、"负"可以用坐标法判断:即以主尺上的零刻度线为纵坐标,当游标上的零刻度线在主尺上的零刻度线(y 轴)的左侧为负值;在(y 轴)右侧时为正值。物体的长度的测量值应该是读数值减去零点差值。

2. **螺旋测微计(千分尺)** 螺旋测微计是比游标卡尺更精密的测量长度的工具,可以用来测量金属丝、小球直径和薄板厚度等。其结构如图2-3所示。它是由U形尺架F、固定测砧E、测微螺杆A、固定套筒D、微分套筒C、棘齿轮旋柄B、锁紧螺栓G等组成。螺杆A与具有50分度的微分套筒C及棘齿轮旋柄B连在一起,固定套筒上有一水平横线,水平横线的上、下方相隔0.5mm刻一条线,下面为0.5mm读数,上面为1mm读数。当螺杆顺时针旋转一周时,螺杆和微分套筒沿轴线方向前进0.5mm,因此当微分套筒转过一个分度时,螺杆本身就前进或后退 $1/50 \times 0.5$mm $= 0.01$mm。另外从微分套筒上还可以估计一位数,即可读到0.001mm位,这就是千分尺的由来。

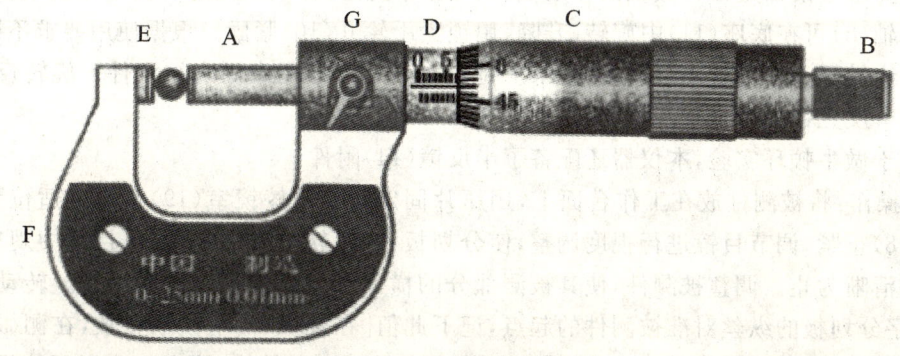

图 2-3 螺旋测微计结构图

在测量物体长度时,应先将螺杆A退开,把被测物体放在测砧E和螺杆A之间,当测砧面和螺杆的端面与被测物体的端面临近接触时,应慢慢转动棘齿轮旋柄B,直到听到"咔、咔"的声响时,则应停止转动,进行读数。具体读数方法如下:首先读出固定套筒上的读数,再读出微分套筒C上的读数,需估计到最小分度值的1/10,即0.001mm,然后将二者相加,所得的读数即为该物体的长度。如图2-4a所示读数为5.780mm。

在使用螺旋测微计前同样要确定其零点差值。当螺杆A和测砧E互相接触时,微分套筒C的边缘若与D筒的零分度线对齐(如图2-4b),则零点差值为0.000mm;如D的水平横线与C的零刻线上方的第3分度线对齐(图2-4c),则零点差值为+0.030mm;如D的水平横线与C的零刻线下方的第2分度线(也即第48分度线)相对齐(图2-4d),则零点差值为—0.020mm。用读数值减去零点差值,可得物体的实际长度。其零点差值也可用坐标法判断,即以微分套筒上的0刻线为X轴,当固定套筒D上的水平横线在微分套筒上的0刻线(X轴)上方时为正值,在(X轴)下方时为负值。

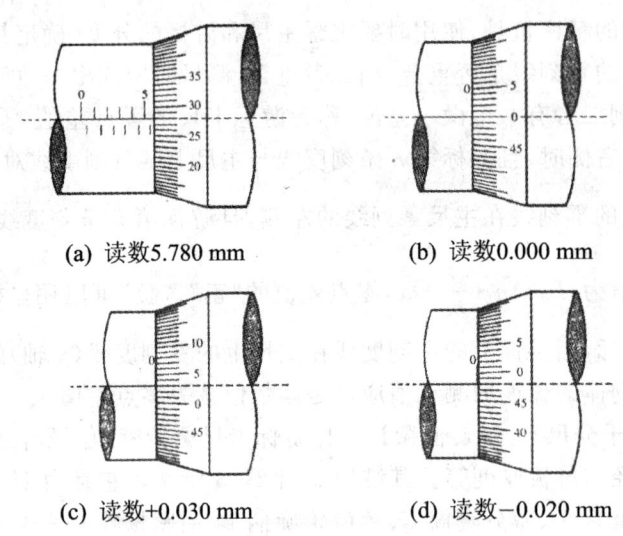

(a) 读数5.780 mm　　(b) 读数0.000 mm

(c) 读数+0.030 mm　　(d) 读数—0.020 mm

图2-4　螺旋测微计的读数法

3. 读数显微镜(JCD3)结构如图2-5。

(1) 结构:如图2-5所示。目镜(2)可用锁紧螺钉(3)固定于任一位置,棱镜室(19)可在360°方向上旋转,物镜(15)用丝扣拧入镜筒内,镜筒(16)用调焦手轮(4)完成调焦。转动测微鼓轮(6),显微镜沿燕尾导轨做纵向移动,利用锁紧手轮Ⅰ(7),将方轴(9)固定于接头轴十字孔中。接头轴(8)可在底座(11)中旋转、升降,用锁紧手轮Ⅱ(10)紧固。根据使用要求不同,方轴可插入接头轴另一十字孔中,使镜筒处水平位置。压片(13)用来固定被测件。旋转反光镜旋轮(12)调节反光镜方位。

为便于做牛顿环实验,本仪器还配备了半反镜(14)附件。

(2) 操作:将被测件放在工作台面上,用压片固定。旋转棱镜室(19)至最舒适位置,用锁紧螺钉(18)止紧,调节目镜进行视度调整,使分划板清晰,转动调焦手轮,从目镜中观察,使被测件成像清晰为止。调整被测件,使其被测部分的横面和显微镜移动方向平行。转动测微鼓轮,使十字分划板的纵丝对准被测件的起点,记下此值[在标尺(5)上读取整数,在测微鼓轮上读取小数,此二数之和即是此点的读数]A,沿同方向转动测微鼓轮,使十字分划板的纵丝恰好

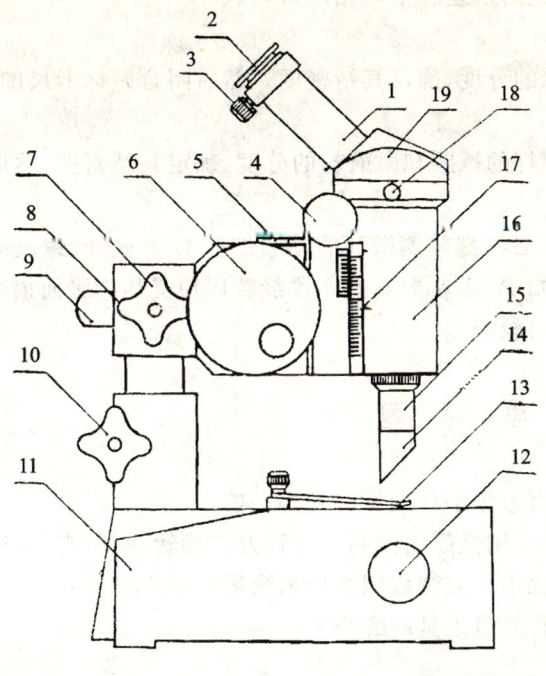

1.目镜接筒	2.目镜
3.锁紧螺钉	4.调焦手轮
5.标尺	6.测微鼓轮
7.锁紧手轮Ⅰ	8.接头轴
9.方轴	10.锁紧手轮Ⅱ
11.底座	12.反光镜旋轮
13.压片	14.半反镜组
15.物镜组	16.镜筒
17.刻尺	18.锁紧螺钉
19.棱镜室	

图 2-5 读数显微镜结构

停止于被测件的终点,记下此值 A',则所测之长度计算可得 $L=|A'-A|$,为提高测量精度,可采用多次测量,取其平均值。

【实验内容与步骤】

1. 用游标卡尺测量金属凸凹物体的体积

（1）读出游标卡尺的零点差值；

（2）用游标卡尺分别测量金属凸凹物体的不同部位,各测三次,读数记录在实验报告里自行设计的表格中,并标明游标卡尺精密度及零点差值；

（3）分别求出各部位的平均值、绝对误差和平均绝对误差,将计算结果记录于表中；

（4）根据体积公式和误差传递公式,求出金属凸凹物体的体积和相对误差。

2. 用螺旋测微计测量金属小球的体积

（1）读出螺旋测微计的零点差值；

（2）测量小球的直径 D,测三次。计算其平均值、绝对误差和平均绝对误差,将读数和计算结果记录于实验报告里自行设计的表格中,标明螺旋测微计的精密度和零点差值；

（3）根据公式 $V=\dfrac{\pi D^3}{6}$ 和误差传递公式,求出金属小球的体积和相对误差。

3. 用读数显微镜测量金属丝的直径或测量一小段软弹簧的长度

（1）把细铜丝或软弹簧放在读数显微镜下,调节显微镜直至看到被测物清晰的像；

（2）转动物镜使十字分划板的一条线与标尺平行；

（3）旋转测微鼓轮使十字分划板的纵线与被测物的起点相切,读出此时的读数 X_1；

（4）再沿同一旋转方向旋转测微鼓轮,使十字分划板的纵线与被测物的终点相切,读出此时的读数 X_2；

（5）利用式（2-2）计算物体的长度；

（6）重复步骤 3、4、5 三次，求平均绝对误差和平均相对误差。

【注意事项】

1. 使用游标卡尺时，要先观察游标的分度，确定其精密度。然后闭合游标卡尺的钳口，读出零点差值；

2. 使用螺旋测微计时，应先观察螺杆的螺距和微鼓轮的分度，确定其精密度，然后读出零点差值；

3. 实验完毕，游标卡尺的锁紧螺钉 E 及螺旋测微计的锁紧螺钉 G 要松开，螺旋测微计的螺杆 A 和固定测砧 E 及游标卡尺的钳口 A、A′都要离开一段缝隙以免受热膨胀而损坏量具；

4. 用读数显微镜测物体时要避免回轮误差。

思 考 题

1. 校正零点是要减少哪种误差？
2. 游标卡尺和螺旋测微计读数的有效数字分别保留到哪一位？
3. 用读数显微镜测量时，为什么要求测微鼓轮沿同一旋转方向旋转，而不能来回旋转？
4. 为什么软弹簧的长度不能用游标卡尺或螺旋测微计来测量？
5. 如果测量水泡的直径应用这三种测量工具的哪一种来测量？

实验二 学习使用电子示波器

【实验目的】
1. 了解示波器的结构；
2. 掌握示波原理；
3. 学会示波器的使用方法及其应用。

【实验器材】
YB4340G 示波器、XD-2 低频信号发生、探头、连接线等。

【实验原理】
电子示波器(简称示波器)能直接观察电压的波形,并能测定电压大小,是目前生产、科研中经常用到的电子仪器。

示波器由下列四部分组成：
(1) 电子示波管；(2) 扫描与整步装置；(3) 放大部分,包括 Y 轴放大和 X 轴放大两部分；(4) 电源部分,它供给以上三部分工作的各种电压。

图 2-6 给出了示波器的原理方框图。

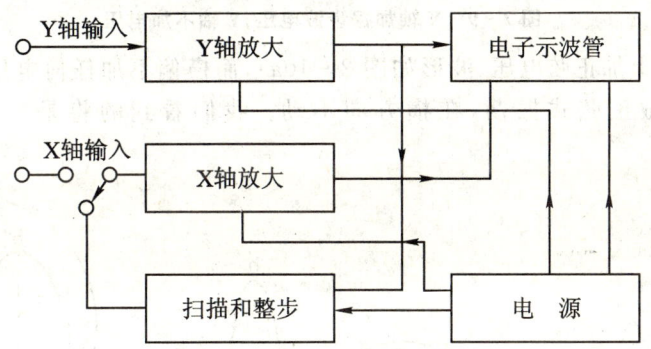

图 2-6 示波原理方框图

1. 电子示波管 如图 2-7 所示,左端为一电子枪,电子枪加热后发出一束电子,电子经电场加速后高速打在右端的荧光屏上,屏上的荧光物发光形成一亮点。在电子枪和荧光屏间装有两对相互垂直的平行板,称为偏转板。如果板上加有电压,则电子束通过偏转板时受正电极吸引,受负电极排斥,从而使电子束在荧光屏上的亮点位置也跟着改变。所以偏转板是用来控制亮点位置的。两对偏转板的符号如图 2-8。其中,横方向的一对称为 X 轴偏转板(简称横偏)。纵方向的一对称为 Y 轴偏转板(简称纵偏)。在一定范围内,亮点的位移与偏转板上所加电压成正比。

2. 扫描与整步的作用 如果在横偏板加上波形为锯齿形的电压(如图 2-9a),锯齿电压的特点是：电压从负开始($t=t_0$)随时间成正比地增加到正($t_0<t<t_1$),然后又突然返回负($t=t_1$)。再从此开始与时间成正比地增加($t_1<t<t_2$)……,重复前述过程,这时电子束在荧光屏上的亮点就会做相应的运动：亮点由左($t=t_0$)匀速地向右运动($t_0<t<t_1$),到右端后马上回到左端($t=t_1$)；然后再从左端匀速地向右运动($t_1<t<t_2$)……,不断重复前述过程。亮点只在横方向运动,我们在荧光屏上看到的便是一条水平线,如图 2-9b。

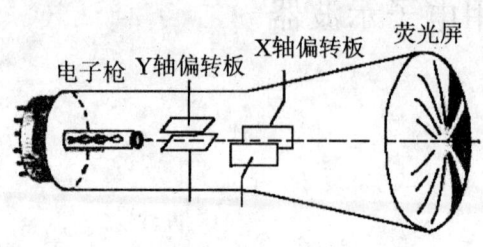

图 2-7 示波管

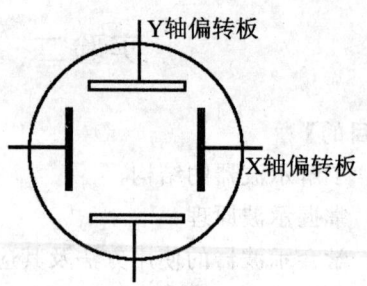

图 2-8 偏转板示意图

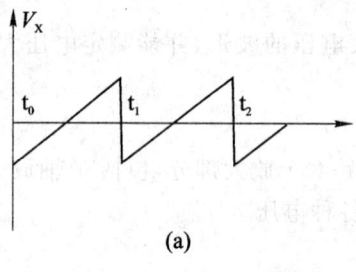

(a)　　　　　　　(b)

图 2-9 X轴加锯齿波电压,Y轴不加电压

如果在纵偏板上加正弦电压(波形如图 2-10a),而横偏不加任何电压,则电子束的亮点在纵方向随时间做正弦式振荡,在横方向不动。我们看到的将是一条垂直的亮线,如图 2-10b。

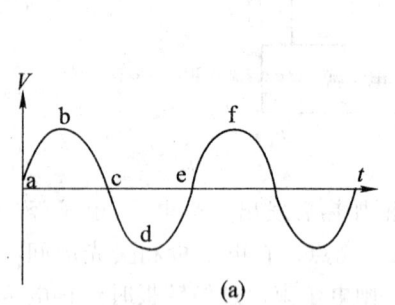

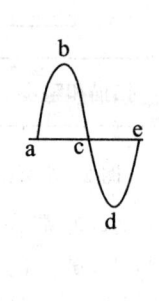

图 2-10 Y轴加信号电压,X轴不加电压　　　　图 2-11 示波原理图

如果在纵偏上加正弦电压,又在横偏上加锯齿形电压,则荧光屏上的亮点将同时进行方向互相垂直的两种位移,我们看见的将是亮点的合成位移,即正弦图形,其合成原理如图 2-11 所示。对于正弦电压的 a 点,锯齿形电压是负值 a′,亮点在荧光屏上 a″,对应于 b 是 b′,亮点在 b″处……,故亮点由 a″经 b″、c″、d″到 e″,描出了正弦图形。如果正弦波与锯齿波的周期相同(即频率相同),则正弦波电压到 e 时锯齿波电压也刚好到 e′,从而亮点描完整个正弦曲线。由于锯齿形电压这时马上变负了,故亮点回到左边,重复前过程,亮点第二次在同一位置描出同一根曲线……这时我们将看见这根曲线稳定地停在荧光屏上。但如果正弦波与锯齿波的周期稍有不同,则第二次所描出的曲线将和第一次的曲线位置稍微错开,在荧光屏上将看见不稳定的图形,或不断地移动的图形,甚至很复杂的图形。

由上可见：① 要想看见纵偏电压的图形，必须加上横偏电压，把纵偏电压产生的垂直亮线"展开"来。这个展开过程称为"扫描"，如果扫描电压与时间成正比变化（锯齿形波扫描），则称为线性扫描。线性扫描能把纵偏电压波形如实地描绘出来。如果横偏加非锯齿形波，则为非线性扫描，描出来的图形将不是原来的波形。② 只有纵偏压与横偏压振动周期严格地相同，或后者是前者的整数倍，图形才会简单而稳定，换言之，构成简单而稳定的示波图形的条件是纵偏电压频率与横偏电压频率的比值是整数，也可表示为公式，

$$\frac{f_y}{f_x} = n \qquad n = 1, 2, 3 \qquad (2-3)$$

实际上，由于产生纵偏电压和产生横偏电压的振荡源是互相独立的振荡源，它们之间的频率比不会自然满足简单整数比，所以示波器中的锯齿扫描电压的频率必须可调。细心调节它的频率，就可以大体上满足公式(2-3)。但要准确地满足公式(2-3)，光靠人工调节还是不够的，特别是待测电压的频率越高，问题就越加突出。为了解决这一问题，在示波器内部加装了自动频率跟踪的装置，称为"整步"。在人工调节到接近满足公式(2-3)的条件下，再加入"整步"的作用，扫描电压的周期就能准确地等于待测电压周期的整数倍，从而获得稳定的波形。
③ 如果纵偏（Y轴）加正弦电压，横偏（X轴）也加正弦扫描电压，那么得出的图形将是李萨如图形，如图 2-12。

李萨如图形可用来测量未知频率，令 f_y、f_x 分别代表纵偏和横偏电压的频率，n_x 代表 X 方向的直线和图形相交的最多交点数，n_y 代表 Y 方向的直线和图形相交的最多交点数，则有

$$\frac{f_y}{f_x} = \frac{n_x}{n_y} \qquad (2-4)$$

如果已知 f_x，则由李萨如图和关系式(2-4)可求出 f_y。

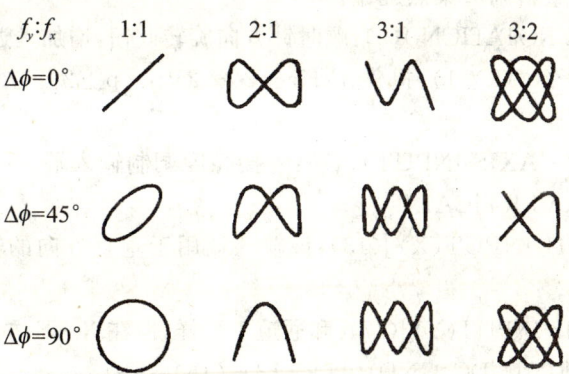

图 2-12　李萨如图形

3. YB4340G 示波器　见图 2-13。

（1）仪器描述

① 主机电源：电源开关（POWER）（9）

将电源开关按键弹出即为"关"位置，将电源线接入，按电源开关键，接通电源。

电源指示灯（8）：电源接通时，指示灯亮。

辉度旋钮（INTENSITY）（2）：控制光点和扫描线的亮度，顺时针方向旋转旋钮，亮度增强。由于磁场的作用，当光迹在水平方向轻微倾斜时，该旋钮用于调节光迹与水平刻度平行。

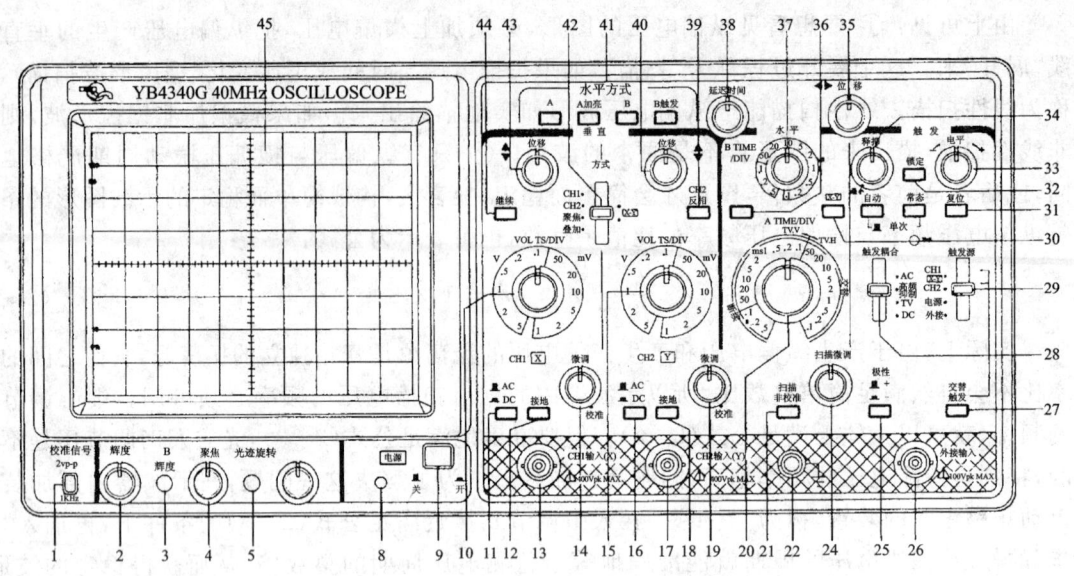

图2-13 YB4340G示波器

显示屏(45)：

仪器的测量显示终端。

延迟扫描辉度控制钮(B INTEN)(3)。

聚焦旋钮(FOCUS)(4)：用辉度控制钮将亮度调至合适的标准,然后调节聚焦控制钮直至光迹达到最清晰的程度。虽然调节亮度时,聚焦电路可自动调节,但聚焦有时也会轻微变化,如果出现这种情况,需重新调节聚焦旋钮。

光迹旋转(TRACE ROTATION)(5)：顺时针方向旋转此钮,增加延迟扫描B显示光迹亮度。

校准信号输出端子(CAL)(1)：提供1kHz±2%,2Vp-p±2%方波做本机Y轴、X轴校准用。

Z-轴信号输入(Z-AXIS INPUT)(47)：外接亮度调制输入端。

② 垂直方向部分(VERTICAL)

通道1输入端[CH1 INPUT(X)](13)：该输入端用于垂直方向的输入,在X-Y方式时,作为X轴输入端。

通道2输入端[CH2 INPUT(Y)](17)：和通道1一样,但在X-Y方式时,作为Y轴输入端。

交流—直流—接地(AC、DC、GND)(11)、(12)、(16)、(18)。

输入信号与放大器连接方式选择开关：

交流(AC)：放大器输入端与信号连接由电容器来耦合。

接地(GND)：输入信号与放大器断开,放大器的输入端接地。

直流(DC)：放大器输入与信号输入端直接耦合。

衰减器开关(VOLTS/DIV)(10)、(15)：用于选择垂直偏转系数,共12挡。

如果使用的是10:1的探极,计算时将幅度×10。

垂直微调旋钮(VARIABLE)(4)、(19)：垂直微调用于连续改变电压偏转系数。此旋钮在正常情况下应位于顺时针方向旋到底的位置。将旋钮逆时针旋到底,垂直方向的灵敏度下降到2.5倍以上。

断续工作方式开关(44)：CH1、CH2两个通道按断续方式工作,断续频率为250kHz,适用于低扫速。

垂直移位(POSITION)(43)、(40):调节光迹在屏幕中的垂直位置。

垂直方式工作开关(VERTICAL MODE)。

选择垂直方向的工作方式。

通道1选择(CH1):屏幕上仅显示CH1的信号。

通道2选择(CH2):屏幕上仅显示CH2的信号。

双踪选择(DUAL):屏幕上显示双踪,自动以交替或断续方式,同时显示CH1和CH2的信号。

叠加(ADD):显示CH1和CH2输入信号的代数和。

CH2极性开关(INVERT)(39):按此开关时CH2显示反相信号。

CH1信号输出端(CH1 OUTPUT)(48):输出约100mV/div的通道1信号。当输出端接50Ω匹配终端时,信号衰减一半,约50mV/div。该功能可用于频率计显示等。

③ 水平方向部分(HORIZONTAL):

主扫描时间系数选择开关(TIME/DIV)(20):共20挡,在0.1μs~0.5s/div范围选择扫描速率。

X—Y控制键(30):按下此键,垂直偏转信号接入CH2输入端,水平偏转信号接入CH1输入端。

扫描非校准状态开关键(21):按下此键,扫描时基进入非校准调节状态,此时调节扫描微调有效。

扫描微调控制键(VARIABLE)(24):此旋钮以顺时针方向旋转到底时,处于校准位置,扫描由Time/div开关指示。此旋钮逆时针方向旋转到底,扫描减慢2.5倍以上。当按键(21)未按入,旋钮(24)调节无效,即为校准状态。

水平移位(POSITION)(35):用于调节光迹在水平方向移动。顺时针方向旋转该旋钮向右移动光迹,逆时针方向旋转向左移动光迹。

扩展控制键(MAG×10)(36):按下去时,扫描因数×10扩展[YB4320G为(×5)]。扫描时间是Time/div开关指示数值1/10(1/5)。

延迟扫描B时间系数选择开关(B TIME/DIV)(37):分12挡,在0.1μs-0.5ms/div范围内选择B扫描速率。

水平工作方式选择(HORIZ DISPLAY)(41):主扫描(A):按下此键主扫描A单独工作,用于一般波形观察。

A加亮(A INT):选择A扫描的某区段扩展为延迟扫描,可用此扫描方式。与A扫描相对应的B扫描区段(被延迟扫描)以高亮度显示。

被延迟扫描(B):单独显示被延迟扫描B。

B触发(B TRIG'D):选择连续延迟扫描和触发延迟扫描。

延迟时间调节旋钮(DELAY TIME)(38):调节延迟扫描,对应于主扫描起始延迟多少时间启动延迟扫描,调节该旋钮,可使延迟扫描在主扫描全程任何时段启动延迟扫描。

接地端子(22):示波器外壳接地端。

④ 触发系统(TRIGGER)

触发源选择开关(SOURCE)(29):通道1触发(CU1,X—Y):CH1通道信号为触发信号,当工作方式在X—Y方式时,拨动开关应设置于此挡;通道2触发(CH2):CH2通道的输入信号是触发信号；电源触发(LINE)：电源频率信号为触发信号；外触发(EXT)：外触发输入端的触发信号是外部信号，用于特殊信号的触发。

交替触发(TRIG ALT)(27)：在双踪交替显示时，触发信号来自于两个垂直通道，此方式可用于同时观察两路不相关信号。

外触发输入插座(EXT INPUT)(26)：用于外部触发信号的输入。

触发电平旋钮(TRIG LEVEL)(33)：用于调节被测信号在某选定电平的触发，当旋钮转向"+"时显示波形的触发电平上升，反之触发电平下降。

电子锁定(LOCK)(32)：无论信号如何变化，触发电平自动保持在最佳位置，不需人工调节电子。

释抑(HOLDOFF)(34)：当信号波形复杂，用电干旋钮不能稳定触发时，可用"释抑"旋钮使波形稳定同步。

触发极性按钮(SLOPE)(25)：触发极性选择。用于选择信号的上升沿和下降沿触发。

触发方式选择(TRIG MODE)(31)。

自动(AUTO)：在"自动"扫描方式时，扫描电路自动进行扫描。在没有信号输入或输入信号没有被触发同步时，屏幕上仍然可以显示扫描基线。

常态(NORM)：有触发信号才能扫描，否则屏幕上无扫描线显示。当输入信号的频率低于50Hz时，请用"常态"触发方式。

单次(SINGLE)：当"自动"(AUTO)、"常态"(NORM)两键同时弹出被设置于单次触发工作状态，当触发信号到来时，准备(READY)指示灯亮，单次扫描结束后指示灯熄，复位键(RESET)按下后，电路又处于待触发状态。

(2) 基本操作：按表2-1设置仪器的开关及控制旋钮或按键。

表2-1　YB4340G示波器的开关及控制旋钮

项　目	编　号	设　置
电源(POWER)	(9)	弹出
辉度(INTENSITY)	(2)	顺时针1/3处
聚焦(FOCUS)	(4)	适中
垂直方式(MODE)	(42)	CH1
断续(CHOP)	(44)	弹出
CH2反相(INV)	(39)	弹出
垂直位移(POSITION)	(40)(43)	适中
衰减开关(VOLTS/DIV)	(10)(15)	0.5V/div
微调(VARIABLE)	(14)(17)	校准位置
AC-DC-接地(GND)	(11)(12)(16)(18)	接地(GND)
触发源(SOURCE)	(29)	CH1
耦合(COUPLING)	(28)	AC
触发极性(SLOPE)	(25)	+
交替触发(TRIG ALT)	(27)	弹出
电平锁定(LOCK)	(32)	按下

续表 2-1

项　目	编　号	设　置
释抑（HOLDOFF）	(34)	最小（逆时针方向）
触发方式	(31)	自动
水平显示方式 （HORIZ DISPLAY）	(41)	A
A TIME/DIV	(20)	0.5ms/div
扫描非校准（SWP UNCAL）	(21)	弹出
水平位移（POSITION）	(35)	适中
×5 扩展（×5MAG） ×10 扩展（×10MAG）	(36)	弹出
X—Y	(30)	弹出

【实验内容与步骤】

按上述设定了开关和控制按钮后，将电源线接到交流电源插座，然后：

1. 打开电源开关，确定电源指示灯变亮，约 20 秒钟后，示波管屏幕上会显示光迹，如 60 秒钟后仍未出现光迹，应按上表检查开关和控制按钮的设定位置。

2. 调节辉度（INTEN）和聚焦（FOCUS）旋钮，将光迹亮度调到适当，且最清晰。

3. 调节 CH1 位移旋钮及光迹旋转旋钮，将扫线调到与水平中心刻度线平行。

4. 将探极连接到 CH1 输入端，将 $2V_{p-p}$ 校准信号加到探极上。

5. 将 AC—DC—GND 开关拨到 AC，屏幕上将会出现如图 2-14 所示的波形。

6. 调节聚焦（FOCUS）旋钮，使波形达到最清晰。

7. 为便于信号的观察，将 VOLTS/DIV 开关和 TIME/DIV 开关调到适当的位置，使信号波形幅度适中，周期适中。

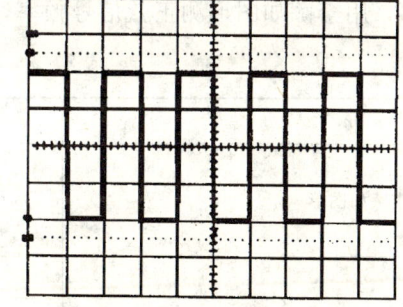

图 2-14

8. 调节垂直移位和水平移位旋钮到适中位置，使显示的波形对准刻度线且电压幅度（Vp-p）和周期（T）能方便读出。

9. 将待测信号电压接到 CH2，适当调节示波器及信号发生器（如图 2-15）的各旋钮，使待测信号的频率与信号发生器的频率成简单整数比，使荧光屏上出现图 2-12 所示的各种图形。

10. 读出信号发生器所示的频率，同时记下图形水平方向和垂直方向交点数的比值，计算出待测信号的频率。

【数据处理】

1. 正弦信号电压与周期测量数据表，见表 2-2。

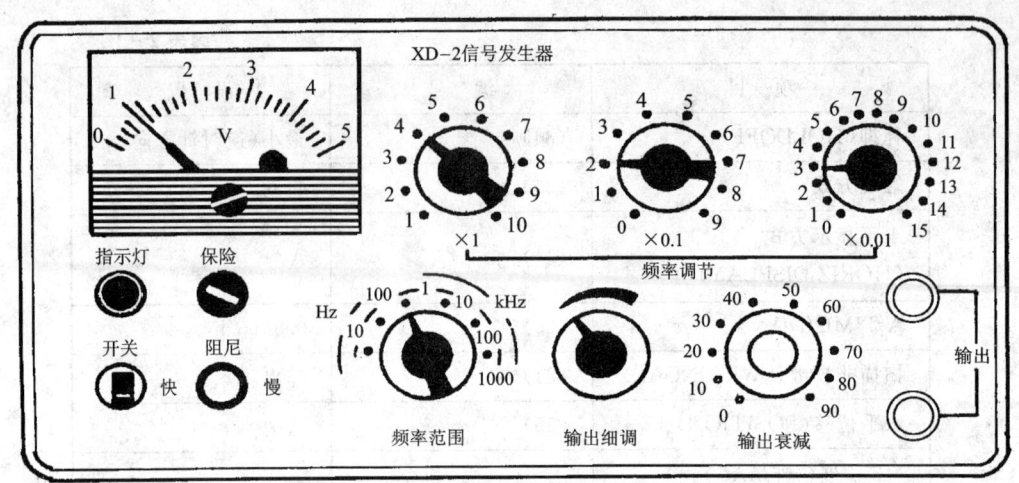

图 2-15 信号发生器

表 2-2 正弦信号电压与周期测量数据表

信号发生器				示波器						测量结果	
频率 (Hz)	电表示数 (V)	输出衰减 (dB)	输出电压 (V)	偏转因数 (V/cm)	Y (cm)	U_{pp} (V)	扫描速率 (ms/cm)	X (cm)	T (ms)	U_{eff} (V)	T (ms)

2. 用李萨如图形测正弦信号频率,见表 2-3。

表 2-3 李萨如图形测正弦信号频率

$n_x : n_y$				
李萨如图形				
n_x				
n_y				
f_x(Hz)				
f_y(Hz)				

【注意事项】

1. 轻旋各旋钮以免损坏。
2. 示波器扫描光点不宜过亮,且不能长时间地打在荧光屏上同一个位置。

思 考 题

1. 如果示波器是良好的,但由于各个旋钮位置并未调好,荧光屏上看不到亮点,应该怎样操作才能出现亮点?
2. 怎样才能调出稳定的李萨如图形?

实验三 摄 影

【实验目的】
1. 学习照相机的使用方法。
2. 掌握摄影过程。
3. 学习冲洗胶卷的方法。

【实验器材】
照相机、三脚架、闪光灯、135 全色胶卷、显影液、定影液、电吹风机、镜头刷或镜头纸等。

【实验仪器描述及原理】
1. 照相机　照相机的种类繁多,但基本构造不外乎由镜头、光圈、快门、取景器、测光装置、调焦装置、卷片器、暗箱等组成,只要了解和熟悉了这几个部分的性能和作用,就能很方便地掌握各种不同类型相机的使用方法。本实验所使用的照相机如图 2-16、图 2-17 所示。

1. 计数窗
2. 卷片扳手
3. 快门释放按钮
4. 快门速度刻度盘
5. 胶片感光度调节环(仅对DC828N有效)
6. 快门速度指示
7. X触点
8. 闪光灯插座
9. 测光钮(DC828N为验电钮)
10. 倒片旋钮
11. 多重曝光按钮
12. 自拍扳手
13. 镜头拆卸按钮
14. 光圈调节环
15. 景深预测按钮
16. 闪光连线插孔
17. 对焦环
18. 景深环

图 2-16　照相机正面结构

(1) 镜头:它是由一组透镜组成,镜头的作用是将外界景物以清晰的像记录在底片上。

镜头的大小通常用相对孔径来表示,相对孔径大的镜头性能好。相对孔径是指镜面的直径 D 与透镜焦距 f 的比值 D/f,习惯以 $1:f/D$ 的形式写出。例如镜头的镜面直径为 2cm,焦距为 7cm,那么它的相对孔径就是 1:3.5,简称 3.5。由于它的相对孔径是个倒数,所以 1:2 的镜头比 1:3.5 的镜头的相对孔径大。这样焦距数值的大小就决定了镜头的特性,据此又可将镜头分为定焦镜头和变焦镜头。而定焦镜头又可分为标准镜头、广角镜头、长焦镜头等。

① 标准镜头:标准镜头是指焦距长度与底片对角线长度基本接近的镜头。常见的 135 相

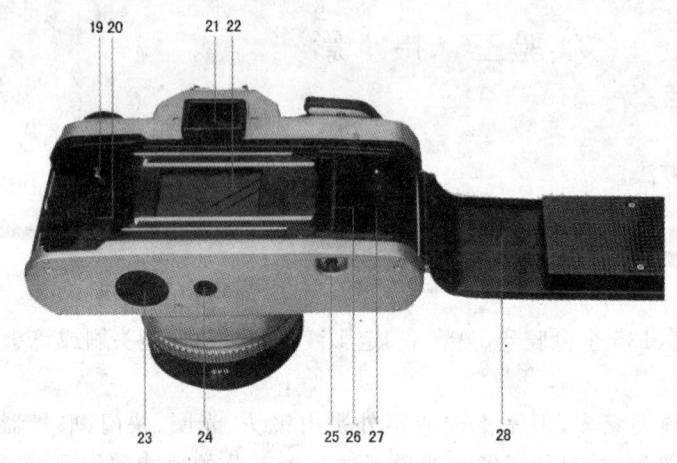

	19. 倒片轴
	20. 暗盒室
	21. 取景框
	22. 快门帘幕
	23. 电池盒盖
	24. 三脚架螺孔
	25. 倒片按钮
	26. 输片齿轮
	27. 卷片芯
	28. 后盖

图 2-17 照相机背面图

机标准镜头有焦距为 45mm、50mm、58mm 等几种,摄取视角在 45°～55°之间。使用标准镜头所摄得的画面透视效果符合人们的视觉习惯,看起来使人感到自然、舒畅。

② 广角镜头:这是指焦距长度小于底片对角线长度的镜头,对 135 相机而言,焦距小于 40mm 的镜头均为广角镜头。这类镜头具有视角大的特点,适宜在短距离内拍摄较大范围的景物。所摄画面透视关系强烈,人们往往利用此特性来取得某些特殊的艺术效果。

③ 长焦镜头:这是指焦距比底片对角线长得多的镜头,适宜于在拍摄难以接近的物体时使用,如抓取人物神态、拍摄战争场面以及珍禽猛兽的特写等。

④ 变焦镜头:这类镜头的焦距不是固定的,而是可以连续变化的。它与定焦距镜头相比最大特点是一个变焦镜头可起多个定焦距镜头的作用,适用各种拍摄场合。

⑤ 近摄接圈:一般用来拍摄距离小于 60cm 物体,如标本、书籍的拍照。

(2) 光圈:任何胶卷拍摄所需的光量是一定的,光圈以及快门是拍摄时用来控制到达底片光量的装置。光圈的大小用 $1:f/D$ 表示,D 是光圈的有效直径,f 是镜头的焦距,比值 $1:f/D$ 大,光圈就大。但在镜头上标出的是一系列的 f/D(称光圈指数),即 1.7、2.8、4、5.6、8、11、16、22 刻在相机光圈调节环上。光圈指数越大,所对应的光圈孔径越小。拍摄时要使用多大光圈,只需将与之对应的光圈指数对准基准标记就行。光圈除了控制进光量外,还可以控制景深和影响成像质量。

(3) 快门:是利用黑色挡光幕帘开启时间的长短来控制进光量的,它与曝光速度控制盘配合使用。曝光速度范围有 B、1、2、4、8、15、30、60、125、250、500、1000、2000,分别写在曝光速度控制盘上,拍照时,曝光时间通过选择曝光速度控制盘上的数值来确定。显示数值与曝光时间成反比,如 125 为 1/125 秒。快门速度盘上还标有"B"字样,这是为长时间曝光用的。当快门处于"B"挡时,按下快门按钮则快门打开,手抬起则快门关闭,手按住快门按钮的时间即为曝光时间。如果拍照时需用闪光灯,则让快门处于曝光速度控制盘闪光同步点位置。

(4) 调焦环:调焦环的作用是供拍摄者调整物距与像距,以保证景物在胶片上成像清晰。拍照前转动此环,调节镜头的位置,用以使物、像满足成像公式:$1/u+1/v=1/f$,完成这一过程的操作称为调焦。调焦指示有多种不同的形式,如磨砂玻璃式、重影式、截影式、环带棱镜式、距离刻度式,以上的调焦方式均为手动调焦,除此之外还有自动调焦。调焦范围 0.45～∞,是指镜头或像平面与被摄物平面之间的距离。镜头上刻有白色的带有 ∞、m 一排数字,表示单位为米的调焦距离,刻有红色的带有 ft 字母的一排数字是以英尺为单位的调焦距离。

(5) 卷片扳手与计数窗:卷片装置是相机传送感光胶片的机构,每拍照完一次后,卷片一次,把卷片扳手转 180°即可(有的相机转 135°),此时才能按下快门,如不能按下,说明卷片扳手没有扳到位,应再扳动一次,感觉阻力增大即可。每卷一次片,读数窗上的数值就增加 1(数值为 1～36)。

(6) 取景器:是供摄影者观察景物和景物范围、确定画面构图的装置,取景器的指示方式有三种不同形式。

① 光学直看式取景器:这种取景器从相机取景框中看出时,能见到由四条直角拐线组成的长方形,这个长方形内的景物就是基本的取景范围;

② 磨砂玻璃式取景器:这类取景器通常在磨砂玻璃上所见到的就是基本的取景范围。135 单镜头反光式相机均为这种取景器;

③ 框形直看式取景器:这种取景器是前后有一定间隔的一大一小的两只方形的空心框,取景时眼睛紧贴着小框正视大框观察景物,则从框中所看到的景物就是基本的取景范围。

(7) 景深:景深是一个专业术语,并非相机的部件。照相机所拍摄下来的画面,不仅对焦点上的景物是清晰的,而是对焦点景物前后有一个清晰的范围,这个清晰的范围就叫做景深。光圈指数越大,景深越大。

(8) 曝光:是摄影时使被摄体反射出来的光线有控制地进入镜头,经过聚焦后照射到感光片上,使感光片发生化学反应,从而产生一个潜在的影像。曝光是对感光片而言,如相机里没有感光片,就谈不上曝光。胶片感光度的高低决定曝光的多少;而控制曝光的装置是相机镜头上的光圈和快门。由此可见,影响曝光的基本因素有四个:一是光线的强弱;二是胶卷的感光度;三是光圈的大小;四是快门的速度。要正确掌握曝光,就要根据光线的强弱、胶卷的感光度来恰当地调整光圈和快门速度。

曝光正确标准:曝光后经显影、定影处理的底片,影像的影调好、质感强、色彩饱和,最亮的强光部分和最暗的阴影部分均能细致地表现影纹层次,这称为技术上的曝光正确。

(9) 自拍扳手和自拍启动钮(自拍用):将自拍扳手旋动最大角度,推动自拍启动钮,延时 10 秒左右自动拍照(若不需 10 秒长的时间,可将自拍扳手角度旋得小些)。

(10) 闪光灯:闪光灯插在附件插座上,可与快门同步闪光,将闪光灯开关拨向"ON"接通电路,机内发出轻微的声响,至指示灯明亮后即可拍摄(此过程叫充电)。充电时间约 5 秒钟左右。不用时须将开关拨向"OFF"。

2. 相机的使用

照相机的种类繁多,使用各异,其实所有相机的使用只要在掌握以下所介绍的方法的基础上,再通过阅读相机使用说明书就可掌握。

拍摄一般按装胶卷→测光定光圈→定曝光时间→取景调焦→按快门按钮曝光这样的顺序操作。

(1) 装胶卷:即将胶卷装入相机。135 相机装卷方法是:①打开相机后盖,将装有胶卷的暗盒放入位于相机左边的倒片轴芯位上,如胶卷本身不带暗盒则必须在绝对黑暗处将其先装入暗盒;②把露在暗盒外的胶卷拉出少许片头插入相机卷片轴缝隙中,使胶片的齿孔与卷片轴旁的齿轮吻合;③扳动输片装置的扳手,如卷片轴已接牢胶片即可盖上后盖;④把倒片钮按倒片方向(顺时针方向)倒一下,使胶卷在暗盒内收紧;⑤空拍 1～2 张。每次卷片时注意倒片轴是否按逆时针方向转动,如倒片轴不转动,则应重新装片。

(2) 测光并确定光圈指数、快门速度：为使胶卷获得合适的曝光量，一般是根据景深的要求先定光圈指数，然后根据景物的亮度、胶卷的感光度以及光圈指数再定快门速度或根据相机的内测光装置确定。

(3) 取景调焦：通过取景器对拍摄景物做适当安排与取舍。取景要根据拍摄意图、景物特点选择拍摄角度安排构图，要注意人和物的相互关系，合理利用光线。在此基础上以主体物做调焦对象转动调焦环调焦，以获得清晰的成像。摄制幻灯片的调焦要仔细、准确，否则难以保证主体物在幻灯放映时清晰；

(4) 按快门按钮拍摄：按快门按钮是为了开启快门，使装在相机中的胶片曝光，从而完成拍摄。对135相机此步的操作要领是：①通过夹紧双臂，右眼眉骨紧贴相机取景框来持稳相机；②眼睛要从取景框中注视景物的情况，尤其是人物的动作表情，抓住最美好的时机按下快门按钮；③轻按快门按钮，按快门的瞬间要屏住呼吸，养成按下快门后仍保持一会儿原来姿势的习惯；④当快门速度小于15时，最好将相机固定在三脚架上；⑤要使快门开启，必须首先上紧快门弦。不少相机卷片扳手与快门弦是共用的，卷片的同时快门弦亦上紧，快门弦未上紧则快门按钮按不下去。

(5) 卷片：一幅画面拍好后随即卷片（过卷），此时快门也同时上紧。卷片要卷足到位，但又不能卷过，否则均会损坏相机零件。如长时间不需要拍照就不要卷片（上紧快门），以免快门的拉簧疲劳，影响快门速度的准确性。

(6) 卸胶卷：整卷胶卷拍摄完毕后，将胶卷从相机中取出。135相机卸胶卷的方法是：①将相机右下部的倒片按钮按下；②将倒片扳手翻开，按顺时针方向连续慢速转动，待听到轻微的"咔嗒"声时，立即停止转动，以免胶卷片头进入暗盒，光线从暗盒缝中射入暗盒；③再卷片一次看倒片扳手是否转动，如转动，必须再倒片，如不转动则打开后盖取出胶卷。如拍摄后胶卷全部从暗盒中拉出，则必须在全暗处或使用暗房袋从相机内取出胶卷。

【实验内容与步骤】

1. 拍照

(1) 在教师指导下，熟悉照相机的构造及各部件的使用方法；

(2) 根据周围光线、气候、温度、衬景等选取光圈大小和曝光时间；

(3) 使被拍照物居于取景器中合适的位置，调焦，在取景器中能看到清晰的像；

(4) 拿稳相机，用右手示指按下快门，即可完成拍照过程；

(5) 拍摄标本时在标本旁放一把长度标尺；

(6) 扳动卷片扳手，将前已拍胶片卷过；

(7) 每人拍照几张照片，并按表2-4做好记录：

表2-4 实验结果

编　号	时　间	拍照对象	天　气	曝光时间	光　圈	结果分析
1						
2						
3						

2. 冲洗胶片　因为此过程全在暗室内进行，要做好准备工作，将显影液、水、定影液摆好，闭灯后开始冲洗。

（1）水中浸润：在全黑暗室中从相机内取出胶片（通常由教师完成），放于水中浸润1～2分钟，使胶卷各部分均匀浸湿，排除附在胶片上的气泡，以防止胶片在显影过程中由于气泡的附着而产生斑块；

（2）显影：润湿完毕后，将胶片浸入显影液中，用手反复倒片，以使胶片显影均匀充分。显影时间5～14分钟（由老师计时），其温度以18～20℃为佳；

感光胶片在显影液作用下，以潜影上已析出的银原子为显影中心，将附近卤化银微粒的银离子还原成银原子。因此，显影是使潜影扩大和使影像显现的过程。显影过程的化学反应式如下：

$$\text{卤化银} + \text{显影液} \rightarrow \text{银粒} + \text{卤化氢}$$
$$\text{（已感光）（还原剂）（黑色）（氢卤酸）}$$

感光多的地方，还原出的银粒就多；感光少的地方，还原出的银粒就少；未感光的地方就没有银粒还原，该部位则保持乳剂的原有色泽。这样，在底片上就显示出与被摄物黑色度相反的影像。

（3）停显：将显影后的胶片放入停显液中，使胶片停止显影反应，也可以用清水冲洗代替；

（4）定影：将已显影后的胶片停显后，放入定影液中定影，并用手反复倒动胶片，以使胶片定影均匀、充分。10～15分钟即可定透。定影是将未感光还原的卤化银溶去且将已还原的影像加以固定，使显影后呈现的影像能在光照下不再发生变化；

（5）水洗与烘干：定影后取出胶片，放在清水中冲洗5分钟以上，然后放入烘干箱内（温度不宜过高）烘干（或用吹风机吹干）即成负片，也叫底片。

【注意事项】

照相机属精密机械，必须对其精心维护。

（1）操作照相机的力量不宜过大、过猛，尤其在操作中遇到较大阻力时；

（2）谨防相机碰撞、受压和剧烈震动；

（3）使用机械快门相机，应先调好快门速度，然后再上快门弦，否则易损坏快门；

（4）当镜头有污迹和灰尘时，应用擦镜纸、镜头刷等工具轻轻擦除；

（5）冲洗胶片过程应严格按实验步骤进行，切忌开灯跑光；

（6）冲洗胶片的一切过程在暗室中进行；

（7）显影液与定影液有一定的污染、腐蚀作用且不能混合，操作时不能将药液溅到工作台上、衣服上，用毕后必须倒回原瓶中。

思 考 题

1. 光圈与快门是怎样影响曝光量的？
2. 显影液是什么性质的液体？定影液是什么性质的液体？为什么不能混用？
3. 冲洗胶片时，为什么要在水中浸润胶片？

实验四　分光计的调节

【实验目的】
1. 了解分光计的构造及各组成部分的作用。
2. 掌握分光计的调节方法和使用方法。

【实验器材】
分光计、平面反射镜、钠光灯或汞光灯、照明装置。

【仪器介绍】
分光计是光学实验室中常用的精密光学仪器,用它可以准确测量反射角、折射角、衍射角、棱镜的最小偏向角、棱镜的折射率及观察光谱等。如图2-18所示,分光计由以下五部分组成:三脚架座、载物平台、望远镜、平行光管和读数圆盘。

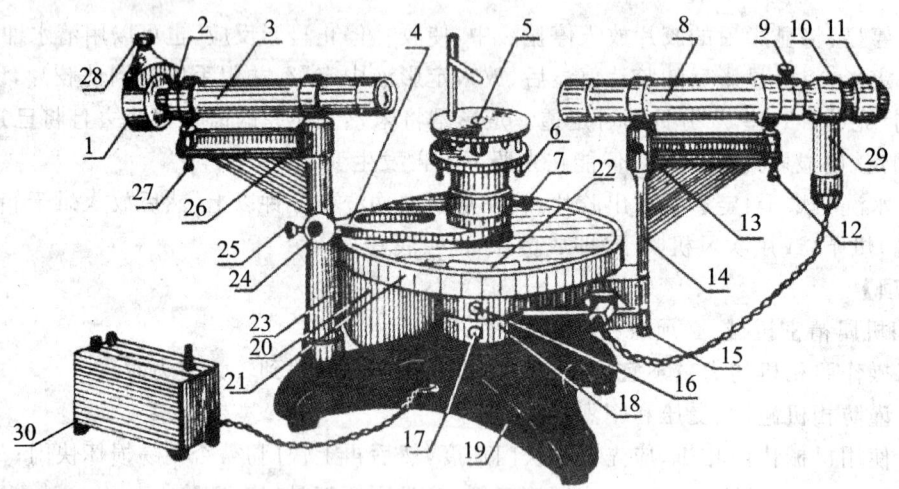

1. 狭缝装置;2. 狭缝装置锁紧螺丝;3. 平行光管;4. 制动架(二);5. 载物台;6. 载物台调平螺丝;7. 载物台锁紧螺丝;8. 望远镜;9. 望远镜锁紧螺丝;10. 阿贝式自准直望远镜;11. 目镜视度调节手轮;12. 望远镜光轴倾角调节螺丝;13. 望远镜光轴水平调节螺丝;14. 支臂;15. 望远镜微调螺丝;16. 转轴与度盘止动螺丝;17. 望远镜止动螺丝;18. 制动架(一);19. 底座;20. 转座;21. 度盘;22. 游标盘;23. 立柱;24. 游标盘微动螺丝;25. 游标盘制动螺丝;26. 平行光管光轴水平调节螺丝;27. 平行光管光轴高低调节螺丝;28. 狭缝宽度调节手轮;29. 目镜照明电源;30. 光源电源变压器

图2-18　分光计

1. 分光计的结构和作用

(1) 三脚架座:是整个分光计的底座,中心有一垂直方向的转轴,望远镜和读数圆盘可绕该轴转动。

(2) 载物平台:用于放置待测物体,可绕中心轴转动,平台下有呈正三角形排放的三颗螺丝,能将平台面调平、调高。

(3) 望远镜:如图2-19所示,望远镜由物镜、十字刻线和目镜组成。十字刻线装在物镜和目镜之间的B筒上。B筒可沿A筒做轴向移动或转动以改变十字刻线与物镜之间的距离。

十字刻线可以调到物镜的焦平面上。目镜由场镜和接目镜组成，目镜C装在B筒里，可沿B筒滑动以改变目镜与十字刻线的距离，使十字刻线被调到目镜的焦平面上。阿贝式目镜是在目镜和十字刻线间装有一个全反射小三棱镜。光线由十字窗射到小三棱镜，经全反射后，照亮十字刻线，通过物镜向外射出光线，当光线遇到与之垂直的平面镜反射后再进入望远镜，所成的绿十字像与十字刻线重合，如图2-20所示。利用阿贝式目镜可以借其自身发出的平行光束进行调准，故称为自准直望远镜。整个望远镜可绕中心轴转动，其高低、水平可以调节。

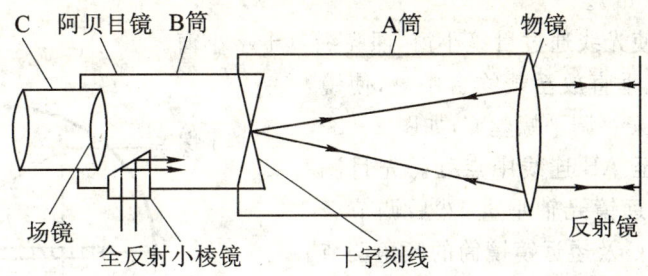

图 2-19 望远镜

（4）平行光管：用于产生平行光，是一根长短可伸缩的圆筒套管，管端装有宽度可调的狭缝，另一端装有凸透镜。用光源照明狭缝成像，改变狭缝与透镜之间的距离，当狭缝像落在透镜的焦平面上时，像可成在无穷远处，此时平行光管射出的光束即为平行光束。借助调节螺丝可调节平行光管的高低和水平。

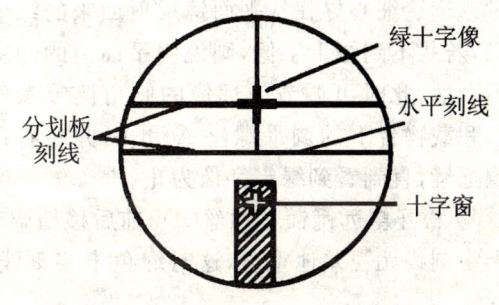

图 2-20 望远镜视窗

（5）读数圆盘：读数圆盘由可绕中心轴转动的刻度盘和游标盘组成。刻度盘分为360°，最小刻度为30′，它与望远镜固连，可随望远镜一起转动。游标盘置于刻度盘上的左右两个读数小窗下面，每个盘分为30等分，与刻度盘的29小格相等。精密度为1′，其原理及读数方法与游标卡尺类似，则最后的读数为两者之和，如图2-21所示。当测量转角时，应同时读出转动前左右两个小窗的读数 θ_1、θ_2 和转动后两个小窗读数 θ_1'、θ_2'。理论上 $\Delta\theta = \theta_1' - \theta_1 = \theta_2' - \theta_2$，为消除误差，实际的转角 $\Delta\theta$ 可按下式计算：

$$\Delta\theta = \frac{1}{2}[(\theta_1' - \theta_1) + (\theta_2' - \theta_2)]$$

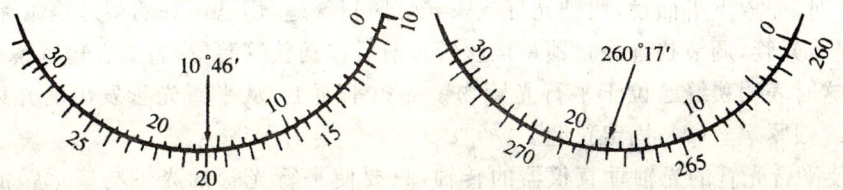

图 2-21 读数圆盘

2. 仪器调节

分光计的调节关键在于以下三个方面：使平行管发出平行光；望远镜接收平行光（即聚焦无穷远）；平行光管的光轴和望远镜的光轴与中心转轴垂直。调节前先目测估计，使各部件位置尽量合适，然后对各部分进行仔细调节。

(1) 调节望远镜使其聚焦于无穷远

① 转动目镜调节手轮，直至清晰地看见分划板上的十字刻线，在后面的实验过程中，不得变动目镜调节手轮(11)。

② 接通电源，使光线通过目镜小窗，照亮绿色十字小窗。

③ 将一平面镜垂直放至载物台中央，使镜面一侧边通过台下某一调平螺丝C，如图2-22所示，另一侧边放至AB连线中点处。先目测使镜面尽可能与望远镜光轴垂直，然后调节载物台下的调平螺丝C及望远镜镜筒的倾角调节螺丝(12)，使镜面中心与望远镜光轴同高。松开游标盘制动螺丝(16)，缓慢地转动平台，同时通过望远镜细心寻找从平面镜反射回来的绿十字像，若找不到绿十字像，则说明平面镜的倾斜度不合适，此时可调节望远镜的倾角调节螺丝(12)和载物台下的调平螺丝A和B，并左右移动望远镜，直到看到绿十字像为止。

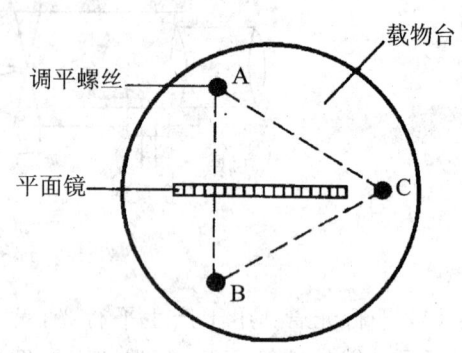

图2-22 平面镜的放置

④ 松开望远镜锁紧螺丝(9)，前后移动调节管B，直到清晰地看到绿色十字像与分划板上的十字刻线无视差地重合，这时绿色十字刻线与物镜的焦平面重合，说明望远镜已聚焦于无穷远。

(2) 调节望远镜光轴垂直于分光计转轴：当望远镜聚焦于无穷远时，望远镜轴未必垂直于仪器转轴。调节时可用"渐近法"，即继续调节平台下螺丝A和B，使绿色十字像中心逼近分划板十字刻线的水平线一半，再调节望远镜的倾角螺丝(12)及平台下螺丝A和B，使绿色十字像与十字刻线重合，然后旋转载物台180°，重复上述步骤直到两个反射面反射回来的绿十字像都与分划板上的十字刻线重合，如图2-20，这时望远镜的光轴与分光计的转轴就垂直。然后将望远镜的水平位置固定。

(3) 调节平行光管，使其发出平行光，且平行光管的光轴垂直仪器的转轴：

① 为使通过平行光管的光线成为平行光，应将平行光管的狭缝位于平行光管物镜的焦平面上。调节时，先取下平面镜，用钠光灯或汞光灯照亮狭缝，用已调好的望远镜做标准，使望远镜正对着平行光管，调节狭缝装置锁紧螺丝(2)，前后移动狭缝装置，直到在望远镜中清晰地看到狭缝像，这时表明狭缝已位于平行光管物镜的焦平面上，从平行光管发出的光束为平行光束，旋紧狭缝锁紧螺丝(2)，固定狭缝。

② 欲使平行光管的光轴垂直仪器的转轴，只要使平行光管的光轴与望远镜的光轴平行（此时望远镜光轴已垂直于仪器轴）。调节狭缝至最窄，将狭缝转到水平位置，调节平行光管的水平调节螺丝(26)，使望远镜中看到的狭缝像正好位于十字刻线的水平刻线上，且被竖直刻线左右等分，再将狭缝转成竖直刻线上，且被上下等分，这时平行光管的光轴平行于望远镜光轴，已垂直于分光计转轴，同时与望远镜等高共轴。至此，分光计调节完毕。

【注意事项】
1. 分光计是精密仪器,要正确操作,勿用手触及分光计各光学器件表面。
2. 在分光计调节过程中,已调好的各部分装置要保持不变。

思 考 题

1. 分光计的精密度是如何决定的?
2. 在转动望远镜筒时,如果不让游标盘和载物平台随同转动,该如何操作?

实验五 液体粘滞系数的测量

一、用奥氏粘度计测液体的粘滞系数

【实验目的】
1. 学会用比较法测定液体的粘滞系数。
2. 加深对泊肃叶定律的理解。

【实验器材】
粘度计、秒表、温度计、水恒温器、注射器或吸耳球、酒精、蒸馏水、移液器、清洗用具等。

【实验原理】
泊肃叶公式指出,粘滞性液体在均匀的细管中做稳定流动时,其流量 Q 与管两端的压强差 $\Delta P = P_1 - P_2$ 之间有如下关系:

$$Q = \frac{\pi R^4 \Delta P}{8L\eta} = \frac{S^2}{8\pi L\eta} \cdot \Delta P \tag{2-5}$$

式中 L、R、S 分别为管长、内半径和内截面积。因此在时间间隔 Δt 秒内流过细管 L 的某一截面 m 的液体体积为

$$V = \frac{S^2}{8\pi L\eta} \cdot \Delta P \cdot \Delta t \tag{2-6}$$

一般可由式(2-5)或式(2-6)得出所在温度下液体的粘滞系数 η。但公式中所需测的量太多,从而导致所得到的 η 值误差较大,因此常用比较法进行测量。

所谓比较法,是用一已知粘滞系数的液体与相同体积的待测液体通过比较来测得其粘滞系数。一般选用蒸馏水做已知液体,因水的粘滞系数可查表得知。将水的粘滞系数记作 η_1,待测液体的粘滞系数记作 η_2,使水和待测液体依靠本身的重力作用依次流过同一细管。如果通过该细管容积为 V 的某一段时所需时间分别 Δt_1 和 Δt_2,则有:

$$V_1 = \frac{S^2}{8\pi L\eta_1} \cdot \Delta P_1 \cdot \Delta t_1, \qquad V_2 = \frac{S^2}{8\pi L\eta_2} \cdot \Delta P_2 \cdot \Delta t_2$$

其中 V_1 和 V_2 分别为水和待测液体在 Δt_1 和 Δt_2 时间间隔内流经细管 L 的某一截面 m 的体积,且有:$V_1 = V_2 = V$,两式相比可得:

$$\frac{\eta_2}{\eta_1} = \frac{\Delta P_2}{\Delta P_1} \cdot \frac{\Delta t_2}{\Delta t_1}$$

又由压强差之比等于密度之比,故上式又可写成:

$$\frac{\eta_2}{\eta_1} = \frac{\rho_2}{\rho_1} \cdot \frac{\Delta t_2}{\Delta t_1} \quad \text{或} \quad \eta_2 = \eta_1 \cdot \frac{\rho_2}{\rho_1} \cdot \frac{\Delta t_2}{\Delta t_1} \tag{2-7}$$

其中 ρ_1 为蒸馏水、ρ_2 为酒精的密度,可查表2-4得出。η_1 可查表得知。Δt_1、Δt_2 可由实验测得。代入上式即可求得待测液体的粘滞系数 η_2。

表 2-5 水和酒精在不同温度下的密度和水的粘滞系数

温度(℃)	$\rho_1(\times 10^3 kg \cdot m^{-3})$	$\rho_2(\times 10^3 kg \cdot m^{-3})$	$\eta_1(\times 10^{-3} Pa \cdot s)$
10	0.99973	0.79788	1.307
12	0.99952	0.79520	1.236
14	0.99912	0.79451	1.170
16	0.99897	0.79283	1.109
18	0.99862	0.79114	1.053
20	0.99823	0.78945	1.002
22	0.99780	0.78775	0.9548
24	0.99732	0.78606	0.9111
26	0.99678	0.78400	0.8737
28	0.9923	0.78300	0.8360

【仪器介绍】

实验装置如图 2-23 所示。U 形玻璃管状的奥氏粘度计 A 和温度计 B 置于盛满水的恒温器 C 内。U 形玻璃管的右下部有一玻璃泡 E,左上部有一玻璃泡 D。在 D 泡的上下各有一刻痕 m 和 n,两刻痕之间管内的容积是一定的。本实验就是要测定液体流经该容积时所需要的时间 Δt。

【实验内容与步骤】

1. 先用蒸馏水将粘度计洗干净。然后将其垂直装入水平放置好的恒温器内。同时把温度计插入恒温器中,以便记录实验时的温度。

2. 将蒸馏水注入粘度计至 E 泡的上端,然后用注射器(或吸耳球)将蒸馏水吸至 D 泡的刻痕 m 之上。拿掉注射器(或吸耳球),使蒸馏水依靠本身的重力下落,记下液面流经 m 及 n 的时间 t 和 t_1',则 $\Delta t_1 = t_1' - t_1$。重复测量 4 次。

3. 倒出蒸馏水,先用少量酒精冲洗粘度计。再取与蒸馏水同量酒精按步骤 2 测定酒精下落的时间 $\Delta t_2 = t_2' - t_2$。同样测量 4 次。

4. 由温度计测出水温,由表 2-5 查出水的密度 ρ_1、酒精密度 ρ_2 和水的粘滞系数 η_1,用公式(2-7)求出酒精的粘滞系数 η_2。计算其绝对误差和相对误差。

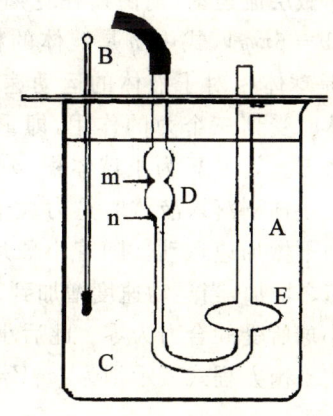

图 2-23 实验装置图

5. 用蒸馏水清洗粘度计两次。取出温度计擦干其表面水分。同时整理其它实验用品。

【注意事项】

1. 用注射器或吸耳球吸液体时,切不可将液体吸入橡皮管中。

2. 测蒸馏水和待测液体时,注入的液体的液面应在大泡 E 的上端的同一高度。即注入液体的体积应相同。

3. 所有器材均为易碎品,操作时要小心。

4. 要正确读出并记下温度计的数值。

思 考 题

1. 为什么要将粘度计中的液体洗净后才可以倒入另一种液体？
2. 压强差之比为何等于密度之比？
3. 公式 $\eta_2 = \eta_1 \cdot \dfrac{\rho_2}{\rho_1} \cdot \dfrac{\Delta t_2}{\Delta t_1}$ 中的有效数字应如何确定？

二、沉降法测量液体的粘滞系数

【实验目的】

1. 观察液体的粘滞现象。
2. 利用沉降法和斯托克斯公式测量计算液体的粘滞系数，加深对斯托克斯定律的理解。

【实验器材】

游标卡尺、螺旋测微计、玻璃量筒、直尺、镊子、直径 1 毫米的小钢球、待测液体（甘油）、温度计、秒表、磁铁。

【实验原理】

如图 2-24，当物体在粘性液体中做匀速运动时物体表面附着一层液体，这一液体层与临近液体层面之间有内摩擦力，也称为粘滞力。如果物体是球形的而且液体相对于球体做层流运动，则由斯托克斯定律球体受到的粘滞阻力为：$F = 6\pi\eta rv$，式中 η 是液体的粘滞系数，r 是球体的半径，v 是球体相对于液体的运动速度。小球在粘滞性液体中下落时受到三个力的作用，即重力 $\rho g V$、浮力 $\sigma g V$ 以及粘滞力 F。其中 V 为小球体积，ρ 为小球密度，σ 为液体密度。在小球刚落入液体时重力大于浮力和粘滞力之和，故小球向下做加速运动。随着小球运动速度的增加，粘滞力 F 也随之增加，当运动速度增加到某一值 v 时三个力平衡，此时小球所受的合力为零。此后小球就以该速度 v 匀速下落。用平衡方程式表示则为：$\rho g V = \sigma g V + 6\pi\eta rv$

$$\eta = \frac{\rho - \sigma}{6\pi vr} g V \qquad (2-8)$$

把小球的体积 $V = \dfrac{4}{3}\pi r^3$，代入式(2-8)得

$$\eta = \frac{2(\rho - \sigma)}{9v} \cdot g r^2 \qquad (2-9)$$

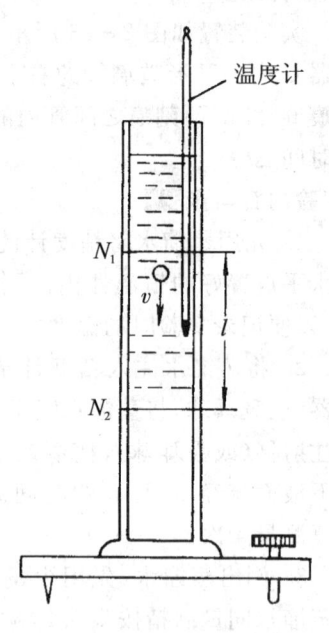

图 2-24 沉降法装置

式(2-9)是我们假设小球在无限广延的液体中下落时推导出来的，但是在实验时小球是在盛有液体的玻璃量筒中下落的，因此还需要对其加以修正。理论表明，将式(2-9)乘以修正系数 $\left(1 + 24\dfrac{d}{D}\right)\left(1 + 3.3\dfrac{d}{2h}\right)$ 即可。式中 D 为玻璃量筒内径，d 为小球直径。于是有：

$$\eta = \frac{2r^2}{qv\left(1+24\dfrac{d}{D}\right)\left(1+3.3\dfrac{r}{2h}\right)} \tag{2-10}$$

【实验内容与步骤】

1. 将玻璃量筒盛以待测液体(甘油),调节量筒,使其轴线处于垂直水平面;
2. 用游标卡尺测量玻璃量筒内径 D,用直尺测出量筒上标号 A、B 间的距离 L 及液高 h。
3. 用螺旋测微计测量小球直径。
4. 用镊子夹起擦拭干净的小球,放于玻璃量筒内液面正中央处(为使小球表面能完全被所测甘油浸润,避免下落时带有气泡,先将小球在甘油中浸一下)。
5. 放开小球,用秒表计下小球匀速下落时分别经过 A、B 两刻线时的时刻 t 和 t'_1。
6. 更换小球四个,分别重复步骤 3、4、5。
7. 读出甘油温度(即室温),查表确定 ρ、σ。
8. 求出每个小球下落的速度 $v=L/\Delta t=L/(t-t')$,进而计算相应的 η 值,写出测量结果。填入表 2-6。

表 2-6 数据表格

温度 T(℃)	L(cm)	D(cm)	ρ(g/cm³)	σ(g/cm³)

测量项 \ 测量次数		1	2	3	4	平均值
小球直径 d(cm)	零点差值					
	读数					
	测量值					
Δt(s)						
V(cm/s)						
η(Pa·s)						
$\Delta\eta$(Pa·s)						
测量结果 $\eta=\bar{\eta}\pm\Delta\bar{\eta}$						

【注意事项】

1. 实验时,甘油中应无气泡。
2. A 点的选定应保证小球在通过 A 点之前已达到匀速运动。
3. 在计时过程中眼睛应保持与小球水平的位置。
4. 切勿将温度计放入玻璃量筒内测甘油温度。
5. 计算粘滞系数时要注意量纲的换算。
6. 实验完毕用磁铁慢慢将小球从量筒内吸出。

思 考 题

1. 为什么要强调小球沿量筒的轴线下落?
2. η 值有效数字的位数,应根据哪些值来确定?

三、用转筒粘度计测量液体粘度

【实验目的】
1. 掌握用转筒粘度计测量液体的粘滞系数的方法。
2. 验证粘性定律。

【实验器材】
转筒粘度计、游标卡尺、秒表、米尺、钩码、待测液体。

【仪器描述】
转筒粘度计的构造如图 2-25 所示，在一铁板底座上固定一直立的外筒和一与外筒等高的滑轮，外筒内装一个可以绕其轴转动的内筒，内筒轴上固定一个小轮，轮外缘绕一细线，线的另一端跨过滑轮悬挂钩码，内筒轴两端由尖螺钉支撑，在上面支撑架上装有一个内筒止动销，被测液体注入内外筒之间。

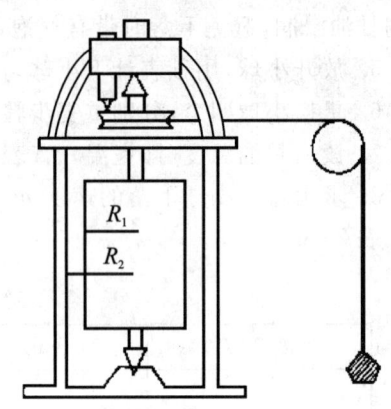

图 2-25 转筒粘度计

【实验原理】
将被测液体注入内外筒之间。在内筒转动时，由于液体的粘滞性，内筒侧面将受到一个粘性力矩 M_1 的作用，当内筒匀速转动时，这一粘性力矩应与钩码重力通过细线和滑轮对内转筒固定小轮上所加转矩 M_2 平衡。如果钩码质量为 m，内筒固定小轮半径为 r，在不计绕线质量和各轴承摩擦力的情况下，则 $M_2 = mgr$。若液体施于内筒的粘性力用 F 表示，则 F 为

$$F = \eta S \frac{dv}{dx} \quad (2-11)$$

式中，S 为内筒表面积；dv/dx 为沿速度增加方向的速度梯度；η 称为液体的粘度。

当内筒匀速转动时，若内筒单位时间转数为 n，内筒和外筒半径分别为 R_1 和 R_2。因固定的外筒内壁处流速为 0，则

$$\frac{dv}{dx} = \frac{2\pi n R}{R_2 - R_1} \quad (2-12)$$

若内筒长度为 l，则内筒表面积 S 为

$$S = 2\pi R_1 l \quad (2-13)$$

内筒所受粘性力矩

$$M_1 = FR_1 \quad (2-14)$$

综合上面四式，有

$$M_1 = \eta \cdot 2\pi R_1 l \cdot \frac{2\pi n R_1^2}{R_2 - R_1} = \eta \cdot \frac{4\pi^2 R_1^3 l n}{R_2 - R_1} \quad (2-15)$$

由于 $M_2 = M_1$，故有

$$mgr = \eta \cdot \frac{4\pi^2 R_1^3 l n}{R_2 - R_1} \quad (2-16)$$

因为内筒上、下端面均有液体接触，因此，式(2-16)应加一修正项 M'，为

$$mgr = \eta \cdot \frac{4\pi^2 R_1^3 ln}{R_2 - R_1} + M' \tag{2-17}$$

若用不同质量 m_1 和 m_2 的钩码,有

$$m_1 gr = \eta \cdot \frac{4\pi^2 R_1^3 ln_1}{R_2 - R_1} + M_1' \tag{2-18}$$

$$m_2 gr = \eta \cdot \frac{4\pi^2 R_1^3 ln_2}{R_2 - R_1} + M_2' \tag{2-19}$$

上两式相减,得

$$(m_2 - m_1)gr = \eta \cdot \frac{4\pi^2 R_1^3 l(n_2 - n_1)}{R_2 - R_1} + M_2' - M_1' \tag{2-20}$$

略去 $M_2' - M_1'$,得

$$\eta = \frac{(m_2 - m_1)gr(R_2 - R_1)}{4\pi^2 R_1^3 l(n_2 - n_1)} \tag{2-21}$$

式(2-21)中,R_1,R_2,r,l,n_1,n_2 均可测出(m_1 和 m_2 由实验室给出),故可通过该式求出待测液体的粘度 η。

【实验步骤】

1. 用游标卡尺测量 R_1,R_2,r,l 各 5 次,取相应平均值。
2. 将挂有钩码的细线经过滑轮均匀地绕在小轮上,按下止动销将内筒固定。
3. 在内、外筒之间注入被测液体,直至内筒上表面恰好全部浸没在液体中为止。
4. 释放内筒,让其在钩码 m_1 重力的作用下,开始转动,待内筒达匀速转动时,测定内筒转动 N_1 圈用的时间 t_1,算出单位时间内筒转数 n_1,测量 5 次,取平均值。
5. 改换质量为 m_2 的钩码,重复步骤 4,算出 n_2。
6. 用公式(2-21)计算液体粘度 η。
7. 测量液体温度。
8. 自行设计实验记录表格。

思 考 题

1. 为保证实验结果的准确性,在安装、调整、使用仪器时应注意哪些问题?
2. 用转筒粘度计测量液体粘滞系数,对粘度较大的液体效果较好,对粘度较小的液体(如水)则误差较大,为什么?
3. 如果不考虑修正项 M',而由下式

$$\eta = \frac{mgr(R_2 - R_1)}{\dfrac{4\pi^2 R_1^3}{n}}$$

计算 η 值,并与由式(2-21)计算出的 η 值比较。为什么说用式(2-21)计算 η 值所得结果误差较小?

实验六　用分光计测定棱镜的折射率

【实验目的】

1. 了解分光计的用途,进一步掌握分光计的调节方法。
2. 利用分光计测定棱镜的顶角、最小偏向角,计算棱镜的折射率。

【实验器材】

分光计、玻璃三棱镜、钠光灯或汞灯、小照明灯、平面反射镜。

【实验原理】

当光从空气中射入折射率为 n 的媒质时在分界面处发生折射(如图 2-26),射角与折射角之间遵从折射定律:

$$n = \frac{\sin i}{\sin r}$$

当光线 P_1O_1 入射到三棱镜上,经三棱镜的两次折射,出射光线为 O_2P_2。P_1O_1 与 O_2P_2 之间的夹角 δ 称为偏向角。当光线 O_1O_2 平行三棱镜的底面时偏向角 δ 为最小,称为最小偏向角。当偏向角为最小时有:$r=r'$,$i=i'$,$r=\frac{A}{2}$。从而有:

$$n = \frac{\sin\frac{\delta+A}{2}}{\sin\frac{A}{2}} \quad (2-22)$$

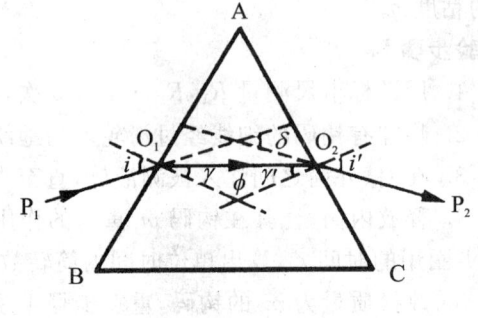

图 2-26　光的折射

因此,在三棱镜的折射率的测量中,只要测出三棱镜的顶角 A 和最小偏向角 δ,就可以计算出三棱镜的折射率。

【实验内容与步骤】

1. 测量三棱镜的顶角

(1) 先调好分光计:使平行光管发出平行光,平行光管的光轴垂直于仪器转轴。

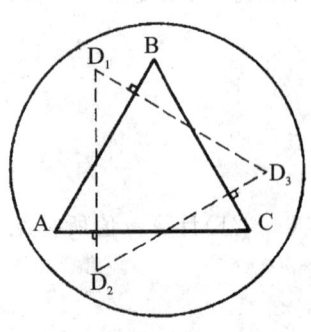

图 2-27　三棱镜的放置

(2) 调节三棱镜:将三棱镜 ABC(图 2-27)放在载物平台上,棱镜主截面的三个边分别垂直平台下三个螺丝 D_1、D_2、D_3 的连线。接通电源,照亮分划板,转动平台使 AB 面正对望远镜,调节 D_1、D_3 使由 AB 面与反射回来的绿十字像与分划板上十字刻线重合(注意此时不能再调望远镜的倾角螺丝,否则将前功尽弃)。然后旋转平台使 AC 面正对望远镜,调节 D_2 使由 AC 面反射回来的绿十字像与分划板上十字刻线重合。反复对 AB 面、AC 面调节几次直至由 AB 面、AC 面反射回来的绿十字像都和分划板上十字刻线重合为止。此时三棱镜的主截面与分光计转轴垂直。

(3) 测顶角 A:将望远镜固定,转动平台使 AB 面正对望远镜,使由 AB 面反射回来的绿十字像与分划板上十字刻线重合,固定平台同时记下刻度盘上两边游标读数 θ_1、θ_2,再转动平台让 AC 面正对望远镜,使由 AC 面与反射回来的绿十字像与分划板上十字刻线重合,固定平台记下刻度盘上两边游标的读数 θ_1'、θ_2'(注意:θ_1 和 θ_1'、θ_2 和 θ_2' 相对应);由图 2-28 可知:

$$A = 180° - \phi,\text{而}\ \phi = \frac{1}{2}[(\theta_1' - \theta_1) + (\theta_2' - \theta_2)]$$

所以 $A = 180° - \frac{1}{2}[(\theta_1' - \theta_1) + (\theta_2' - \theta_2)]$

(4) 将测量结果填入表 2-7 中,求出 A 的平均值。

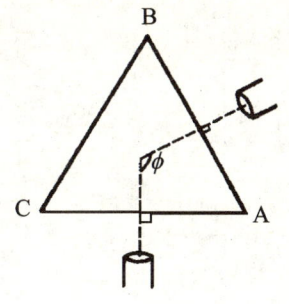

图 2-28 三棱镜的调节

表 2-7 测量三棱镜的顶角

角度 次数	θ_1	θ_2	θ_1'	θ_2'	Φ	A
1						
2						
3						

2. 测量三棱镜的最小偏向角

(1) 接通单色光源,照亮平行光管的狭缝。转动望远镜,寻找单色光经棱镜折射后的狭缝像。

(2) 固定望远镜,松开平台,使棱镜随平台一起转动,此时谱线向一方移动。当平台的棱镜转至某一位置时,虽然棱镜继续向原方向转动,而谱线却停止移动,以后又向反方向移动。谱线停止移动的这一特定位置便是最小偏向角位置。在最小偏向角的位置处固定平台。仔细调节望远镜的水平调节螺丝,使谱线与分划板上十字刻线的竖线重合,同时记录左、右游标上的读数 θ_1 和 θ_2。

(3) 保持平台不动,取下三棱镜,转动望远镜,直接找到平行光管狭缝的像,使其与分划板十字刻线的竖线重合,记下游标上的读数 θ_1' 和 θ_2'。则前后游标读数之差即为此单色光源谱线对三棱镜的最小偏向角: $\delta = \frac{1}{2}[(\theta_1' - \theta_1) + (\theta_2' - \theta_2)]$。

(4) 反方向旋转平台,重复步骤(2)和步骤(3),再次计算出最小偏向角。

(5) 将上述测量结果填入表 2-8,并计算最小偏向角的平均值。

表 2-8 测量三棱镜的最小偏向角

角度 旋向	θ_1	θ_2	θ_1'	θ_2'	δ
右旋					
左旋					

(6) 根据已测出的三棱镜的顶角 A 和最小偏向角 δ,按公式(2-22)计算三棱镜的折射率。

【注意事项】

1. 使用三棱镜时,要注意轻拿轻放,以免损坏。

2. 严禁用手触及三棱镜及分光计各光学器件表面。

思 考 题

1. 为什么要用单色光源测量最小偏向角？

2. 本实验中,转动平台到某一位置时,从望远镜中可观察到经三棱镜的出射光线会按原路折回,试问此时的偏向角是否为最小偏向角？为什么？

3. 如果 $\theta_1' - \theta_1$ 出现负值应如何处理？由何原因造成？怎样避免？

实验七 液体表面张力系数的测量

【实验目的】

观察毛细现象,学会用毛细管测量液体的表面张力系数。

【实验器材】

读数显微镜、玻璃毛细管、温度计、小烧杯、直尺(剪短的卷尺)、橡皮筋、蒸馏水、活性物质(洗洁精)、显微镜架(测量架)。

【实验原理】

如图 2-29 所示,假设毛细管的内截面为圆形,毛细管内的凹形液面可看成半径为 R 的球面。管内外液面有一定的压强差,称为附加压强 ΔP。当液面在毛细管中上升到一定高度达到平衡时

$$\Delta P \cdot \pi \cdot r^2 = 2\pi \cdot R \cdot \alpha \cdot \cos\theta \quad (2-23)$$

式中 r 为毛细管半径,α 为液体表面张力系数,θ 为接触角。对于玻璃和水 $\theta=0$,$R=r$,则

$$\Delta P = 2\alpha/r \quad (2-24)$$

如果水在毛细管中上升的高度为 h,则

$$\Delta P = \rho \cdot g \cdot h \quad (2-25)$$

根据式(2-25)和式(2-26)得

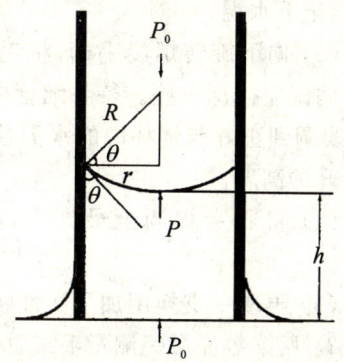

图 2-29 毛细现象的基本原理

$$\alpha = \frac{1}{2} r \cdot \rho \cdot g \cdot h \quad \text{或} \quad \alpha = \frac{1}{4}\rho \cdot g \cdot h \cdot d \quad (2-26)$$

通过实验测得 h、d,查表 2-9 得,由式(2-26)便可计算出液体表面张力系数。

表 2-9 不同温度下水的密度 $\rho(\text{g/cm}^3)$

	0℃	10℃	20℃	30℃
0	0.99987	0.99973	0.99823	0.99567
1	0.99993	0.99963	0.99802	0.99537
2	0.99997	0.99952	0.99780	0.99505
3	0.99999	0.99940	0.99756	0.99473
4	1.00000	0.99927	0.99732	0.99439
5	0.99999	0.99913	0.99707	0.99406
6	0.99997	0.99897	0.99681	0.99371
7	0.99993	0.99880	0.99654	0.99336
8	0.99988	0.99862	0.99626	0.99299
9	0.99981	0.99843	0.99597	0.99224

测量架是利用显微镜改制而成,如图 2-30 所示。固定板①的中心开一条浅槽,用于放置毛细管和直尺,螺旋手柄③可将固定板沿轨道垂直载物台②上下移动。转轴④可将固定板与底座⑤呈 0°~180°随意调节。

【实验内容与步骤】

1. 测量毛细管内液面上升高度

(1) 先将固定板与底座呈 90°状态,然后将测量台固定板上升为最高点,将清洁处理并干燥后的毛细管和直尺用橡皮筋系在固定板槽内,使之垂直于载物台,毛细管的下方大约伸出固定板 5cm,直尺伸出固定板 4cm。

(2) 将小烧杯洗净后装满蒸馏水,水平地置于载物台上,记下水温。

(3) 向下旋转螺旋手柄,将毛细管插入烧杯,为了充分润湿应插深一些。待毛细管中液面稳定后,将直尺 0 刻线调到正好与烧杯内的水面接触,读出毛细管内液面上升的高度。

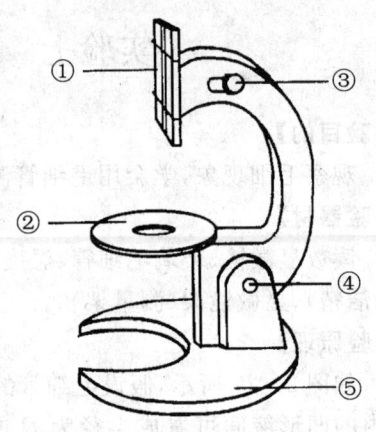

图 2-30 测量架

(4) 将固定板调至最高点,重复测量 3 次,取平均值。

(5) 再取一支换用加了活性物质(洗洁精)的蒸馏水的毛细管重复以上步骤(记下水温)。

2. 用读数显微镜测量毛细管半径

(1) 小心取下毛细管。

(2) 把毛细管水平地放在读数显微镜的载物台上,并在垂直显微镜镜筒的运动方向上固定,调整螺旋手柄,使毛细管通过载物台中的圆孔。

(3) 调节显微镜的焦距,使之呈像。轻轻地转动测微鼓轮,使十字叉丝的纵线与毛细管内壁的一侧相切,记下读数。再同方向转动测微鼓轮,使十字叉丝移到毛细管内壁的另一侧,并与之相切,记下读数,两数之差的绝对值为毛细管内径 d(单位:mm)。

(4) 为提高测量精度,取毛细管直径的不同部位多次测量,取其平均值。

【结果与数据处理】

1. 设计表格,记录在两种液体中上升高度 h 及直径 d,并取平均值;
2. 用公式 2-26 求水的表面张力系数。取重力加速度为 $g=9.78831 m/s^2$。
3. 用比重计测出加过活性物质的蒸馏水的比重。
4. 用公式 2-26 求加过活性物质的蒸馏水的表面张力系数。

思 考 题

1. 引起实验结果误差的因素有哪些?
2. 为什么要用清洁的毛细管?

实验八 暗室技术

【实验目的】
1. 了解暗室设备的使用。
2. 学习印、放大照片及洗相的操作技术。

【实验器材】
印相箱、放大机、暗房灯、定时器、上光机、D-72 显影药、酸性定影药、洗相盘、竹镊子、印相纸、放大相纸。

【实验原理】
1. 印相　印相只能得到和底片同样大小、影像色调正负相反的照片。
2. 放大　一般拍摄的底片多用来放大,制成放大的照片,这种用放大机将小底片制成大幅面和底片影像色调正负相反的照片的过程就叫放大。

以上都是通过负片对涂有感光材料的印相纸或放大纸再次曝光,经显影、定影后得到与被拍物体色调一致的正片。

【设备描述】

1. 印相箱:如图 2-31 为印相箱(晒箱)的结构示意图,是由安全灯 T_R(红色)、曝光灯(白炽灯)T_W、毛玻璃、盖板、曝光按钮等构成。

2. 放大机:放大机的原理与照相机类似,实际上放大是照相的逆过程。放大是将底片上的景物通过放大机镜头投射到放大相纸上,因此放大时的底片实际上就变成了被摄的物体。放大机主要由乳白色灯泡、光室、聚光镜、底片夹、皮腔、镜头、滤光片(红色)、放大纸压板和支架构成。如图

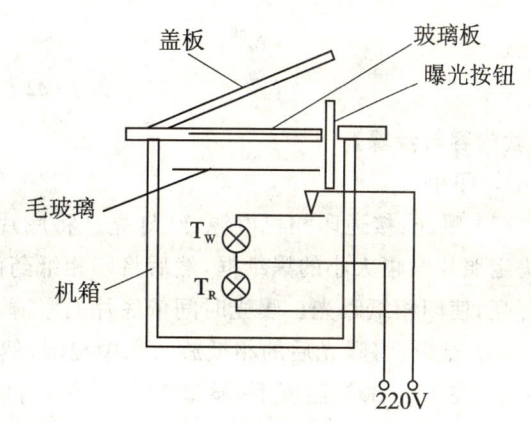

图 2-31　印相箱

2-32 所示。用放大机能把小面幅的底片转放成大面幅的照片。照片尺寸的大小可通过移动放大机机身(通过旋转机身调节旋钮进行机身的上、下移动)和调节皮箱来确定。

3. 暗房灯:有红、黄、绿三色光源,洗相时用红色光源,冲洗底片时可用极暗的绿色光源,黄色光源洗彩色片时使用。

4. 定时器:冲洗后的一卷底片如果在曝光度都一样的情况下(薄厚一样),印、放相时使用定时器能准确地控制曝光量,洗出色调一致的照片且方便快捷。

5. 上光机:将水洗完的照片烘干、上光。

6. 相纸:相纸分印相纸、放大相纸和印放两用相纸三种。印相纸药膜中只含有氯化银粒子,感光速度较慢。放大纸药膜只含有溴化银粒子,感光速度较快。印放两用纸药膜中含有氯化银、溴化银两种粒子,感光速度随两种药品的比例不同而不同。

7. 洗相药:由实验室人员在实验前配好。

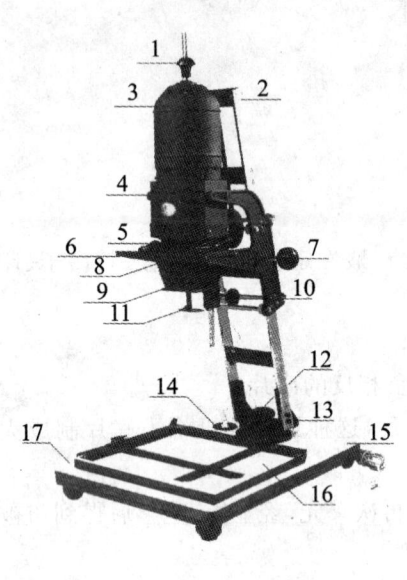
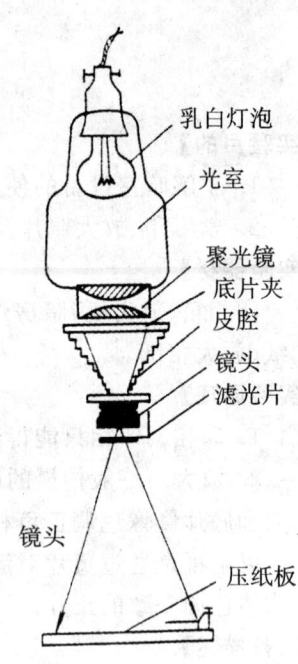

1. 调节钮　　2. 机架
3. 灯室　　　4. 集光室
5. 片夹　　　6. 胶卷托盘
7. 升降旋钮　8. 固定旋钮
9. 镜头板　　10. 调焦旋钮
11. 滤色片
12. 机座紧固螺钉
13. 旋转台
14. 灯室插头
15. 底板
16. 放大板
17. 开关

图 2-32　放大机

【实验内容与步骤】

1. 印相

(1) 曝光：接通印相机电源，红灯亮。将底片药膜面向上平放在印相机玻璃板上，底片上放决定照片面幅大小的黑纸框，然后将印相纸药面向下放在黑纸框上，压紧盖板，按曝光按钮，白灯亮，使印相纸曝光。曝光时间依底片的厚薄、印相纸的感光速度及灯泡的明亮程度而定。

(2) 显影：将曝光后的相纸放入水中浸湿，然后放入显影液中用竹夹不断翻动。用 D-72 显影液，在 18～20℃温度下，显影 1～4 分钟，待影像在红灯下观看呈现略黑为止。

(3) 定影与水洗：把显影后的印相纸放在清水中稍微冲洗后放入定影液中，在室温下定影时间 10 分钟以上，即成照片。

以上过程均在暗室中红灯下进行。定影完毕，把照片放于水中漂洗 20～30 分钟，才能冲洗干净存留在相纸上的定影液，否则照片日久易变黄。

(4) 上光（或晾干）：把定影后的照片用清水洗净，将其像面朝下放在上光机的上光板上，盖上布盖。接通电源后，用橡胶滚筒来回滚动多次，推压出水分，使上光均匀，烘干后的照片会自动地从上光板上脱落，不要在烘干前用手扯拉照片，否则会撕掉照片的药面。选三张照片贴在实验报告上，对其进行综合分析。

2. 放大：照片放大的基本过程与印相相同，只是曝光过程有所不同。

在教师指导下，把定时器与放大机正确连接上。在曝光前，将一曝光正常的底片药膜面向下，放于底片夹内，如图 2-33，在压纸板上确定放大尺寸后，放一和放大纸同厚的纸片，再把定时器上的调焦、定时开关钮拨到调焦挡，上下移动放大机机身或伸缩皮腔进行调焦（调焦时可先将光圈开到最大，以便容易观察成像是否清晰）使纸上成清晰的像。用红色滤光片遮挡放大机镜头光线，重新调节放大机镜头光圈，撤掉纸片，放上相纸，将定时器定好曝光时间，然后再把调焦、定时开关钮拨到定时挡，开始对相纸曝光。接着依次显影→水洗→定影→水洗→烘干上光(过程与印相相同)。

3. 每人洗三张以上照片,将其结果填入表2-10中。

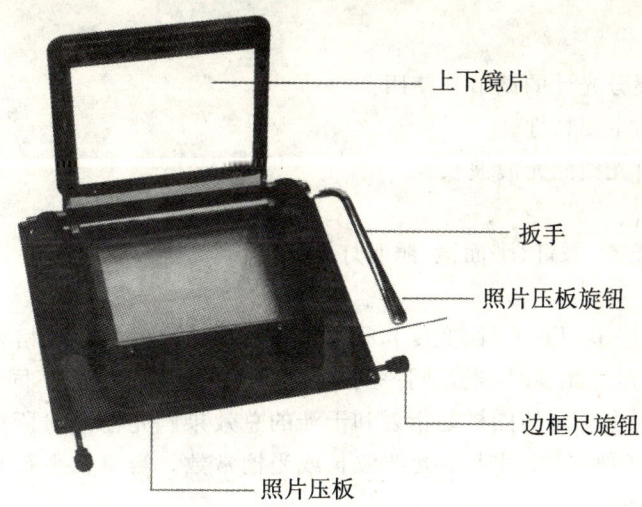

图 2-33 底片夹

表 2-10 结果记录

项目 记录 照片编号	光圈 (挡数)	曝光时间 (秒)	显影温度 (度)	显影时间 (分)	定影时间 (分)	对比效果 (曝光过度、 不足、正常)	教师 评语
1							
2							
3							

【注意事项】

1. 选定好放大机的光圈后,在定时器上选用最佳的曝光时间。

2. 照片的效果受诸多因素的影响,所以在正式印、放相前,应采取曝光灰度梯度像条的试验方法来确定曝光时间。

思 考 题

1. 洗好一张照片的关键是什么?

2. 放大照片时,如果相纸药面向下,曝光后会洗出正常的相片吗?为什么?

实验九 光波波长的测定

【实验目的】
1. 进一步掌握分光计的调节和使用。
2. 了解光栅的主要特性。
3. 学会用衍射光栅测光波波长。

【实验器材】
分光计、衍射光栅、汞灯、平面镜、照明灯。

【实验原理】
衍射光栅是由许多相互平行、宽度和间距相等的狭缝组成的。两相邻狭缝中心距离 d 称为光栅常数。当光通过光栅时,通过同一狭缝的光产生衍射,而通过不同狭缝的衍射光彼此之间又产生干涉,在屏上呈现的图样是衍射和干涉的总效果。光栅衍射所形成的明暗条纹分布有一定规律,利用这种规律,可求出光波波长或光栅常数。当单色平行光垂直射到光栅平面时,凡衍射角适合条件:

$$d\sin\Phi = \pm K\lambda \qquad K = 0,1,2,3 \tag{2-27}$$

的光波将加强而产生明条纹。式中 d 为光栅常数,Φ 为衍射角。当 $K=0$ 时,$\Phi=0$,为中央零级明条纹。与 K 对应的明条纹称第 K 级明纹,它们对称地分布在零级明纹两侧。由式 (2-27) 可知,当已知光栅常数,测出相应的 K 和 Φ,即可算出入射光的波长。如果光源中包含几种不同的波长,则不同波长的光的同一级谱线将有不同的衍射角 Φ,从而形成彩色光带,称为光谱。

本实验中,用汞光源照亮分光计平行光管的狭缝,汞光束通过平行光管后变为平行光,然后垂直照射到光栅上而产生衍射,通过望远镜可测得像的位置,如图 2-34 所示。

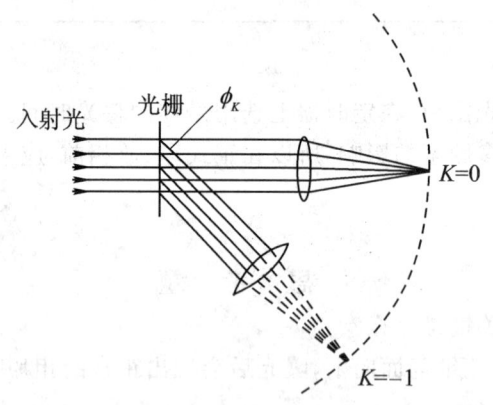

图 2-34 光栅成像

将望远镜旋转至零级谱线位置固定住,记下左右游标的读数 θ_0、θ_0',再转动望远镜至左一级谱线位置固定住,记下左右游标的读数 θ_1、θ_1',第三次转动望远镜至右一级谱线位置固定住,记下左右游标读数 θ_2、θ_2',则可按下式计算 Φ 角:

$$\Phi_1 = \frac{1}{2}[(\theta_1 - \theta_0) + (\theta_1' - \theta_0')]$$

$$\Phi_2 = \frac{1}{2}[(\theta_2 - \theta_0) + (\theta'_2 - \theta'_0)]$$

$$\Phi = \frac{1}{2}(\Phi_1 + \Phi_{-1}) \tag{2-28}$$

【实验内容与步骤】

1. 按调节分光计的方法及要求调好分光计。

2. 开启汞光灯并对准平行光管的狭缝,使狭缝像与望远镜的十字叉丝竖线重合,固定望远镜不动。

3. 将衍射光栅按图 2-22(参见实验四)所示放在载物台上,即光栅平面垂直平分两螺丝连线 AB。调节光栅平面与平行光管光轴垂直。以光栅平面为反射面,用自准直法调节光栅平面与望远镜光轴垂直,此时须注意望远镜已调好不能再动,所以只能调节平台下的螺丝 A、B 使从望远镜中观察到的十字像(由光栅反射回来)与望远镜的十字叉丝重合(注意:此时衍射零级像也与叉丝竖线重合),然后固定载物台。

4. 调节光栅使其刻线与分光计转轴平行。转动望远镜,观察衍射像的分布情况,注意中央明纹两侧衍射像高低是否一致,若不是,说明光栅刻线与分光计转轴不平行。因 A、B 两螺丝已调好,所以只能调节平台下螺丝 C,直至衍射像高低基本一致,此时即可测量。

5. 转动望远镜至中央零级明纹位置,固定后记下左右游标读数 θ_0、θ'_0。转动望远镜至左一级像位置固定后记下左右游标的读数 θ_1、θ'_1,再将望远镜转动至右一级像位置,并固定住,记下左右游标的读数 θ_2、θ'_2,重复上述步骤 3 次,将结果填入表 2-11 中。

6. 根据已知的绿光光波波长 546.07nm,求出本实验中所使用的光栅常数 d 值。

7. 利用公式(2-28)计算出一级像的衍射角 Φ,代入式(2-27)计算出光波波长并求平均值,写出实验结果。

表 2-11 光波波长的测定

级次 $K=1$ 光栅常数 $d=$ cm

次数	θ_0	θ'_0	θ_1	θ'_1	θ_{-1}	θ'_{-1}	Φ	λ
1								
2								
3								

【注意事项】

1. 光栅是精密的光学元件,不可用手或其它物体触及光栅表面;

2. 测量过程中,不要碰动光栅,否则将破坏入射光与光栅面的垂直。

思 考 题

1. 在分光计的调节过程中,是怎样保证衍射角 Φ 所在的平面与中心转轴垂直的?如果不是这样,将会对测量结果有何影响?说明原因。

2. 如果光栅平面和转轴平行,但刻痕和转轴不平行,那么整个光谱将有什么异常?对测量结果有无影响?

3. 在用光栅测汞原子光波波长的实验中,如果把光栅沿平行光光轴旋转 90°时,能否发生衍射现象?观察到的衍射谱线是怎样排列的?用图表示出来。

实验十 弦本征振动的观测

【实验目的】
1. 观察驻波和共振现象。
2. 观察弦本征振动,测定弦本征振动的频率。

【实验器材】
实验台架、金属弦、滑轮、砝码、砝码盘、信号发生器、可变电阻、米尺及磁铁。

【实验原理】
有一两端固定的被拉紧的弦,以手弹之使其离开平衡位置,则产生垂直于弦的自由振动。横波沿弦线传到固定点而返回,入射波与反射波叠加后就在弦线上形成驻波。弦的自由振动包含一系列分振动。对于一根两端不能振动、柔软的、均匀的弦,各个分振动的固有频率为

$$f = \frac{n}{2L}\sqrt{\frac{T}{\rho}} \quad (2-29)$$

式中,L 为弦长;T 为弦上的张力;ρ 为弦单位长度的质量;n 为弦上驻波的波腹数。由式(2-29)可见,对于一定的振动系统,其各分振动的固有频率可有一系列的值,当 $n=1$ 时(即驻波只有一个波腹,如图2-35a所示)的频率叫基频,它是弦线振动的最小频率值,用 f_0 表示;当 $n=2,3,4\cdots\cdots$ 时的频率叫谐频。由式(2-29)可知,各谐频为基频的整数倍,即 $f=2f_0,3f_0,4f_0\cdots\cdots$(见图2-35),所有这些频率都是弦所固有的最基本的振动频率,叫做弦的本征振动频率。一般情况下,弦振动时总是参与多个本征振动。也就是说弦的任何复杂振动都是由许多本征振动叠加而成的。因此,直接观测弦的固有振动是困难的,但是,可以设法使弦做受迫振动。若以周期性外力作用在弦上,则弦做受迫振动。当外力频率与弦的某一个自由振动固有频率相同(忽略阻尼的作用)时,

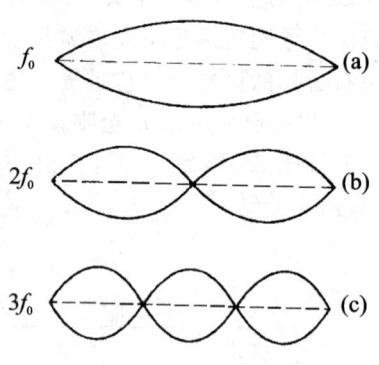

图 2-35 弦的自由振动的基频和谐频

则产生共振现象,这种利用共振现象把复杂的振动分解,并提取出某一个分振动(本征振动)的方法叫共振法。

实验装置如图2-36所示,被研究的金属弦一端固定在实验台架的A端,另一端通过滑轮悬挂着质量为 m 的砝码,砝码通过滑轮使弦受到 $T=mg$ 的张力。信号发生器使已知频率的交流电通过金属弦,将弦的适当部分放在磁场中间,弦即受到周期性外力作用而发生受迫振动。对于一给定的弦(ρ,L,T 一定),若改变外力的频率(即改变交流电流的频率),使 $f=2f_0,3f_0,4f_0\cdots\cdots$见图2-35b,c,就可以观察到各个固有频率下的共振现象,并且可以通过实验得出基频和各谐频的简单整数倍数关系。为了使实验现象明显,把强磁铁放在基频的波腹位置为宜。

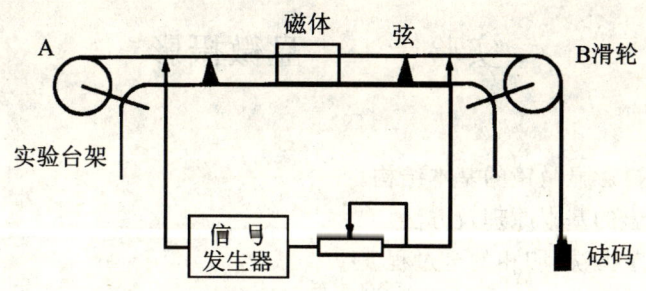

图 2-36 实验装置图

【实验内容与步骤】
1. 观察并区别 ρ、L、T 一定的弦的本征振动和自由振动。
2. 用信号发生器测定弦的本征频率,并且归纳弦振动的谐频与基频的关系。
3. 用公式计算出弦的基频和谐频的理论值。

思 考 题

1. 分析本实验的误差来源。
2. 在本实验中,如果弦的 ρ、L、T 一定,将弦放在煤油中,弦的本征振动频率是否发生变化?

实验十一 显微摄影

【实验目的】
1. 熟悉和认识摄影显微镜的基本结构。
2. 掌握显微摄影的基本原理及方法。
3. 继续熟悉和掌握洗、印相的全过程。

【实验器材】

摄影生物显微镜、显微摄影装置、标本、三色灯、塑料盘、竹夹、显影液、定影液、感光纸、胶片、上光机。

【实验仪器描述】

摄影生物显微镜是用显微摄影仪的记录手段,记录下经显微镜系统的物镜和目镜所成的放大物体影像。XSZ-107型摄影生物显微镜的结构如图2-37所示。

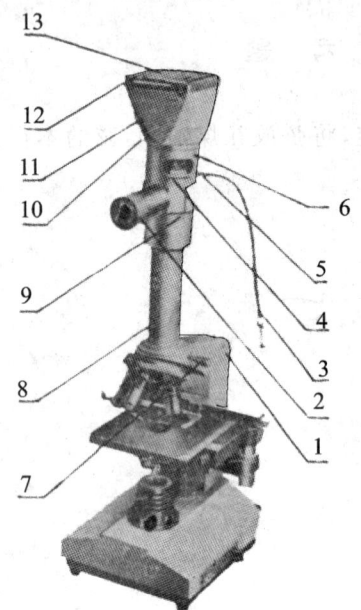

1. 显微镜
2. 视度调节圈
3. 快线
4. 快门上弦扳手
5. 快线座
6. 主体
7. 固定螺钉
8. 接筒
9. 调节固定螺钉
10. 暗箱装拆按钮
11. 暗箱
12. 暗盒锁钩
13. 专用单页暗盒

图2-37 摄影生物显微镜

1. 成像系统由显微摄影仪、摄影取景器和物镜组成。物镜将标本第一次放大,然后摄影取景器再将第一次放大的像第二次放大,成像于胶片上。

2. 照明系统由聚光镜、可变光栏、集光镜和钨卤素灯组成。光线由钨卤素灯发出,经集光镜成平行光,然后聚光镜将外来光线会聚在标本上。可变光栏通过改变光栏孔径,可以适当调节照明亮度,以在使用不同数值孔径的物镜观察物体时都能获得清晰的物像,也可以适当改变灯泡的亮度,来适应观察需要。

【实验原理】

根据几何光学原理,组成光学系统的透镜、面镜和棱镜等光学元件,都有一定的孔径,它们必然限制用以成像的光束的截面。所有这些光学元件的边框和特加的有一定形状开孔的屏统称为光阑,它们在光学系统中起拦光作用。一个实际光学系统可能有许多光阑,但其中必有一个决定成像光束的截面或立体角,这种光阑称为孔径光阑,有时也叫有效光阑。在光学系统中,孔径光阑通过在它前面的光学系统于系统的物空间所成的像叫该光学系统的入射光瞳。孔径光阑通过它后面的光学系统于系统的像空间所成的像叫该系统的出射光瞳。显微镜是由物镜和目镜组成的光学系统,物镜是该系统的孔径光阑。由于物镜前面无光学元件,所以物镜又兼作入射光瞳。物镜通过在它后面的目镜在像空间所成的像,就是该系统的出射光瞳。如图 2-38 中的物镜 MN 则是显微镜系统的孔径光阑兼入射光瞳,而 MN 通过目镜的像 M′N′就是该系统的出射光瞳。显微镜的摄影像就是标本 AB 的放大虚像 A″B″通过出射光瞳所成的小孔像。所谓小孔就是显微镜的出射光瞳。因此,根据小孔成像原理,在出射光瞳以外很大范围内可以得到清楚的摄影像,此像是无聚焦像。

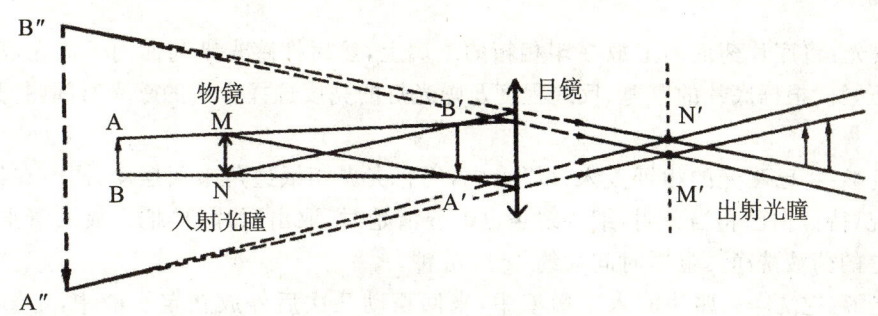

图 2-38 显微摄影成像系统

  显微摄影是把显微摄影仪(显微摄影装置)装在摄影生物显微镜目镜上,把从显微镜观察到的影像记录在胶片上。

  拍照和洗相所用的胶片和感光纸是用有溴化银颗粒的乳胶涂在胶片和纸上制成的。曝光时在光的作用下,胶片上感光的溴化银粒子被还原成金属银,这就是拍照过程。曝光后的胶片经过显影液的作用,曝光时已还原的金属银的周围继续起还原作用,并把它们变为黑色留在乳胶中。金属银还原的多少取决于曝光时光的强弱和曝光时间,曝光强、时间长银粒子就多;曝光弱、时间短银粒子就少。显影后的底片再经过定影液的作用,把未经曝光的溴化银溶解在定影液中而离开胶片,使该处成为透明,因此可获得与实物黑白相反的影像,所以又叫负片,这就是冲洗过程。如果将底片和相纸放在印相箱上再次曝光,经过与上述同样的显影和定影之后,就可以在相纸上得到与实物黑白一致的影像(在前面的实验中已经做过)。

【实验内容与步骤】

1. 拍照

(1) 调节光源。打开电源开关,把高度调节钮调至适当位置,调节聚光镜上下位置,并适当开启光栏的大小,以获得最佳照明。

(2) 将标本移到工作台中央,轻轻转动粗调手轮,先将工作台上升到最高,然后边从取景器中观察,边下降工作台,直到能在取景器目镜中见到标本的像;再轻轻转动微调手轮直到标本的像清晰为止。此步操作必须细致认真,严防不慎损坏镜头或标本。

(3) 拍照:根据标本的厚薄、视野的明暗程度和像的反差程度选择好合适的曝光时间,将暗盒拉片抽到一定位置后,即可曝光摄影,每人拍三片,用不同的曝光时间,并记下每片相应的曝光时间。

(4) 拍照完毕,转动粗调手轮将工作台下降到底,再将亮度调节钮移到最小亮度处,最后关上电源开关,用罩子罩好显微镜。

2. 冲洗底片(此过程在全暗室中进行)

(1) 显影:先将装有显影液、清水、定影液的塑料盘依次摆好,关掉所有光源,打开暗盒,取出胶片。将胶片药面向上浸入显影液中反复倒片,使胶片与药液充分接触。显影时间为5～14分钟,温度以18～20℃为最佳。

(2) 定影:将已显影的胶片首先放在清水中清洗,然后药面向上放入定影液中反复晃动,定影10分钟以上。

(3) 把定影后的胶片放在水中清洗干净,用吹风机吹干即可成负片。

3. 印相——冲洗正片 此过程在红灯下进行。将印相箱、显影液、清水、定影液及三色灯准备好。

(1) 曝光:将底片药面向上放在印相箱的玻璃上,然后把感光纸药面向下放在底片上,用印相箱盖压紧。根据底片的厚薄、反差程度及曝光灯的亮度选择合适的曝光时间,打开白灯进行曝光。

(2) 显影:将已曝光的相纸投入显影液中,用竹夹夹相纸边角来回摆动,同时在红灯下观察显像情况,待黑白已相当分明,细致线条也十分清楚时,取出照片,再把它放入清水中,把残留在照片上的药液洗净。显影时间大约1～3分钟。

(3) 定影:把洗净的照片放入定影液中,来回摆动几次后停放在定影液中,定影10分钟以上。

(4) 上光:把定影后的照片用清水洗净,将其像面朝下放在上光机的上光板上,盖上布盖。接通电源后,用橡胶滚筒来回滚动多次,推压出水分,使上光均匀,烘干后的照片会自动地从上光板上脱落,不准在烘干前用手扯拉照片,否则会撕掉照片的药面。选一张照片贴在实验报告上,对其进行综合分析。

【注意事项】

1. 使用摄影生物显微镜时,手指切忌接触各镜头玻璃表面,若镜面上有污秽,可请实验室工作人员处理。

2. 插入胶片暗盒后应再次检查取景器中影像是否清晰。

3. 暗盒拉片不要抽出过大,以免胶片脱落。

4. 显影液及定影液不能混合,用毕必须倒回原瓶中,不要装错。

5. 暗室工作开始前,要把准备工作做好,实验过程动作要准确、稳妥。

6. 调焦时,注意工作台的高度,避免物镜压到标本上。

思 考 题

1. 调焦时,显微镜的工作台为什么要先上后下?
2. 若照片的影像黑白清晰度不均,是由哪些因素引起的?
3. 显微镜的放大倍率是由什么决定的?

实验十二　万用电表的使用

【实验目的】
1. 学习万用电表的结构原理。
2. 掌握万用电表的使用方法,并用万用电表判别晶体管管脚的极性。

【实验器材】
万用电表、直流稳压电源、滑线变阻器、待测电阻、晶体二极管、晶体三极管、开关、导线等。

【实验原理与仪器介绍】

万用电表如图 2-39,是一种具有多种测量功能的电表,它可以用来测量直流电压、交流电压、直流电流和电阻。有些万用电表还可以测量交流电流等。万用电表的种类很多,但原理及使用方法基本类似(本实验使用的是指针式表头)。

万用电表可分为两个基本部分。上部分为表头部分;下部分为功能及量程转换部分。表头由灵敏度较高的电流计构成,通过电流计的电流越大或电压越高,电流计指针在刻度盘上偏转的角度越大,反之越小。

当把不同阻值的量程转换电阻与电流计串联时,万用电表就成为量度范围不同的伏特计,图 2-40a;当把不同阻值的量程转换电阻与电流计并联时,万用电表就成为量度范围不同的安培

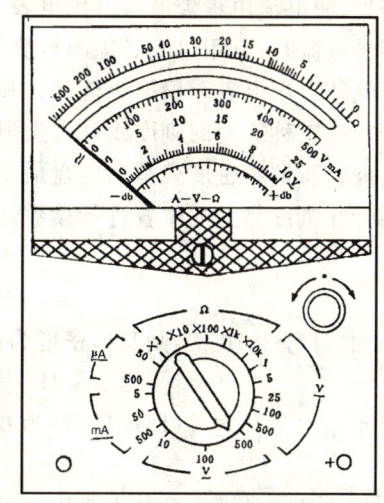

图 2-39　万用电表

计,如图 2-40b;当把干电池、变阻器及不同阻值的量程转换电阻与电流计串联时,万用电表就成为量度范围不同的欧姆计如图 2-40c。

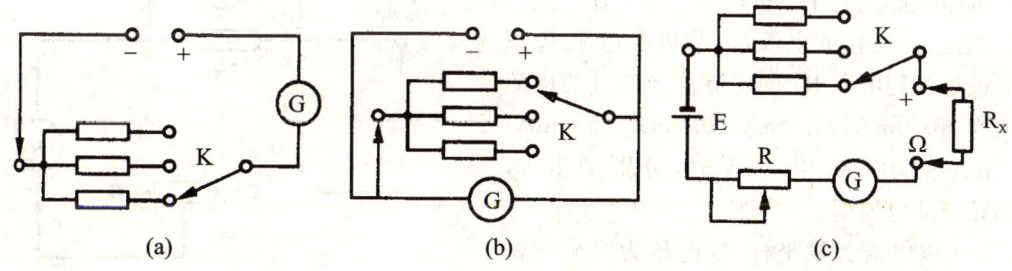

图 2-40　万用电表的内部电路

上述三种功能的转换及各功能状态下的量程的选择是由万用电表盘面上的转换旋钮 K 来实现的。

量程就是测量的范围,即测量的最大允许值,测量值超过允许范围,就会烧坏电表。在测量前,必须估算好测量的最大值,选择合适的量程,然后才可以进行测量。量程过大会影响测量的准确度,量程太小会损坏电表。

当通过转换旋钮把万用电表转换成欧姆计时,被测电阻 R_x 接在万用电表的"+"和"Ω",

两接线柱(有的万用电表接在"+"、"-"两接线柱)之间,构成了如图 2-40c 所示的串联电路。

被测电阻值越大、电流越小,指针偏转角度越小。当 R_X 很大($R_X \to \infty$时,相当于断路)时,电流极小。因此欧姆计的读数方向与电流计的读数方向相反,其零点在刻度盘的最右侧,最大读数在刻度盘的最左侧。测量前必须对欧姆计进行零点调整(改变量程后仍需进行零点调整),其方法是将万用电表两表笔接触($R_X=0$),左右旋转零点调整旋钮,使指针指在欧姆计零点,然后再进行电阻的测量。

在测量前,将功能转换旋钮转到所需测量的相关挡上。用万用电表测量直流电压或直流电流时,万用电表的红表笔(插在正接线柱)必须接电路中高电势处,黑表笔(插在负接线柱)接低电势处,使电流由正极流入万用电表。若极性接反会烧坏万用电表。测交流时不分正负极。

测量电流时,万用电表必须与被测元件串联;测量电压时,万用电表必须与被测元件并联,否则会烧坏万用电表。根据所选量程和表盘上相应的刻度线进行读数。测直流、交流和电阻时分别对应三种不同的刻度线。首先根据量程及其相应的刻度线计算出在该量程下万用电表的精密度。所谓精密度就是刻度盘最小格所代表的数值,即为可以准确测量的最小值。然后,根据指针在刻度盘上的位置进行读数。一般说来,万用电表的刻度为 50 小格,精密度的计算方法为:

$$精密度 = 量程/50 格$$

例如,量程为 10 伏,则其精密度为:

$$10 伏/50 格 = 0.2 伏/格$$

最小格的十分之一(即可疑位)为 0.02 伏。当指针在 12.3 格处,读数应为:

$$0.2 伏/格 \times 12.3 格 = 2.46 伏$$

测量值的有效数字位数由刻度盘的读数确定,各量程的倍率不影响有效数字位数。

【实验内容与步骤】

1. 测量电阻

(1) 用万用电表的欧姆挡测电阻阻值。选择合适的量程,调整零点,测量电阻 R_X 的阻值。

(2) 在电路中测量电阻阻值:按图 2-41 连接电路,选好万用电表量程,经教师检查批准后,合上开关接通电源,调节可变电阻 R 以改变通过被测电阻 R_X 的电流。当通过的电流分别为:10.0mA、15.0mA、20.0mA、25.0mA、30.0mA、35.0mA、40.0mA 时,分别测出 R_X 两端相应的电压值。

(3) 以电流为横坐标,以电压为纵坐标做出电压与电流的关系曲线,应是一条直线,其斜率即为被测电阻的阻值。将该电阻值与用欧姆挡所测得的电阻值加以比较。

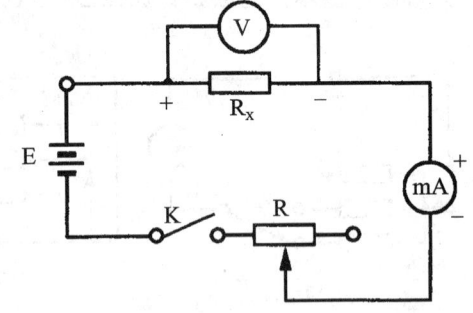

图 2-41 实验电路图

2. 直流电压的测量

(1) 估计被测电压值,将转换开关拨到直流电压挡"V"上。如果不好估计被测电压值,先选较大量程,然后逐渐缩小,以找到适当的量程为止,从而避免大电压用小量程,而烧坏电表。

(2) 将电表并联在被测电路上,注意红表笔接高电势端,黑表笔接低电势端。

(3) 根据选择的量程和指针的位置,正确地读出读数。

(4) 重复上述步骤，测量电路中不同部分的电压。

3. 直流电流的测量

(1) 首先将转换开关拨到直流电流挡上，再选择适当量程。选择时应先选较大量程，然后逐渐缩小，以找到适当的量程为止，以免大电流用小量程而烧坏电表。

(2) 测量时，万用电表与被测电路串联，红表笔接高电势一端，黑表笔接低电势一端。

(3) 根据选择的量程和指针的位置正确读数。

(4) 注意：绝对不允许用电流挡测电压或直接用电流挡测电源的电流，以免损坏电表。

4. 晶体管管脚的判别

利用万用电表的欧姆挡判别晶体二极管和三极管的管脚时，首先应明确：欧姆表内部有电池，而且电池的正极接在黑表笔插口一端，电池负极接在红表笔插口一端。另外判别管脚时，要用 R×100，或 R×1k 挡。不能用 R×1、R×10、R×10k 挡，因为 R×1、R×10 挡电流大，R×10k 电压高，容易使 PN 结烧坏或击穿。

(1) 判别晶体二极管的极性

将万用电表拨至欧姆挡 R×100，用万用电表两个表笔分别接至二极管的两个管脚上，记下阻值。然后将二极管两个管脚调换，再记下阻值，将两个阻值比较哪个阻值小，其黑表笔所接的管脚即为二极管的正极。

(2) 晶体三极管管脚的判别

将万用电表拨到欧姆挡 R×100。

① 判别基极：首先假定某管脚为基极 b，用红表笔接到假定的基极 b 上，用黑表笔轮流接在其余两个管脚上，测其电阻。然后分别以另外两个管脚为基极 b，重复上述测量。若发现两次电阻读数均小，就说明这个假定的基极 b 是正确的，并为 PNP 型管。若发现两次电阻读数均大，说明假定的基极也是正确的，其为 NPN 型管。

② 判别集电极和发射极：经过上述判别已确定了基极和管型。下面判别集电极和发射极。假若用的是 PNP 型管，让黑表笔接到假定的发射极 e 上，红表笔接到假定的集电极 c 上，用手指捏住 bc 两极（相当于 bc 间接一电阻）发现指针摆动，然后把 e、c 两极调换，再捏住调换后的 bc 两极，发现指针也摆动，则指针摆动较大时那一次黑表笔所接的极为发射极，若用的是 NPN 型管，则上述操作过程中将黑红表笔调换即可。

③ 也可用等腰三角形法判断三极管的 e、b、c 极。

【注意事项】

1. 在测试时，应选择需要测试的挡，合适的量程，不应任意旋转挡位旋钮。若不知被测量的大小范围，则首先选择在最大量程挡。

2. 应注意红表笔接"正"极，黑表笔接"负"极。

3. 测电路内某电阻阻值时，应切断被测电路的电源并断开被测电阻的一端。

4. 总结以上几项，记住口诀：一挡（测量项目挡位）、二程（量程）、三"正""负"，断开电源测电阻。

5. 万用表用完后应将功能旋钮旋至交流电压挡的最大量程处。

6. 眼睛应垂直观察到表针与表头镜子里映出的表针重合方可读数。

思 考 题

1. 在测量电阻时,同时用两手分别捏住两表笔的金属部分即电阻两端,这样做对测量结果有无影响?为什么?

2. 用万用电表测量 0.3mA 的电流时,分别用 1mA 和 10mA 的量程测量时所得的结果是否相同?哪个准确?为什么?

3. 测量电压时,万用电表的转换挡不能置于电流挡或电阻挡,为什么?

实验十三 人体阻抗的频率特性的测定

【实验目的】
1. 了解人体阻抗的概念。
2. 测定人体阻抗的频率特性。

【实验器材】
直流稳压电源、音频信号发生器、万用表、晶体管毫伏表、电阻、电极、导线等。

【实验原理】
人体是由各种组织构成的非常复杂的导体,体表有一层导电性最差的皮肤,体内为导电性较强的体液和具有不同导电性的各种组织。人体阻抗是皮肤阻抗和其它组织阻抗之和,皮肤阻抗远远大于其它组织阻抗。表 2-12 列出了人体部分组织的电阻率。电阻率指的是单位截面积单位长度的电阻。实验表明,人体阻抗具有容性阻抗的特点。由于人体相当复杂,下面我们采用模拟的方法,来解释这一特点。

表 2-12 人体器官电阻率($\Omega \cdot cm$)

组织	直流电	交流电	高频交流
肝	8000	1600	230
肌肉	9000	1500	255
皮肤(干)	4000000	300000	435
皮肤(湿)	38000	250000	435
脂肪	108000	3250	2700
腔骨	22500	15400	12300
脑	10700	2170	603

1. 皮肤阻抗 皮肤的最外层是表皮,包括角质层,其中有汗腺孔。表皮下面是真皮及皮下组织,其中有大量血管。由于真皮及皮下组织导电性较好,可模拟为纯电阻 R。而表皮的阻抗大小主要取决于角质层,如果把真皮和电极片视为电容器的两极板(如图 2-42 所示),则角质层相当于该极板间的电介质。由于汗腺孔里有少量的离子通过,所以我们可以把表皮模拟为漏了电的电容器,相当于纯电容 C' 和纯电阻 R' 的并联,其并联阻抗 Z 为:

$$Z = \frac{1}{\sqrt{(1/R')^2 + (2\pi f C')^2}}$$

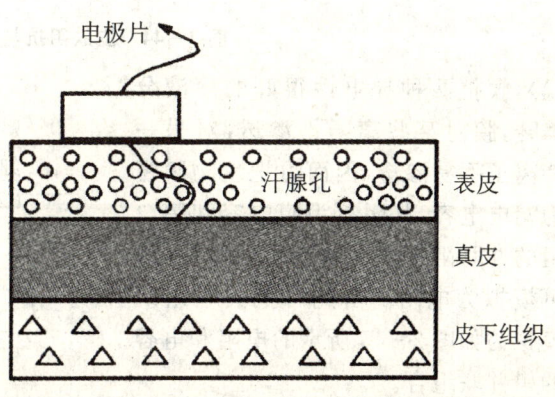

图 2-42 人体皮肤的结构

其中 f 为交流电频率,由此,我们可以把皮肤阻抗模拟为如图 2-43 所示电阻电容的串并联组合。

影响皮肤阻抗的主要因素有:(1)皮肤的干湿程度,当皮肤潮湿时,汗腺孔里水分增多,使 R 减小,从而导致皮肤阻抗下降,相反,皮肤干燥时,汗腺孔里水分减少,R 增大,皮肤阻抗增大;(2)电流的频率,当直流和低频交流电通过皮肤时,f 较小,皮肤阻抗较大。而高频交流电 f 较大,皮肤阻抗较小,所以,皮肤阻抗是随交流电频率的增加而减小的。图 2-44 给出了皮肤阻抗与交流电频率的关系曲线。

2. 其它组织阻抗 电流通过皮肤后,就进入到内部组织,其阻抗远远小于皮肤阻抗,其导电性取决于含水量和相对密度。体内有各种生物膜(如细胞

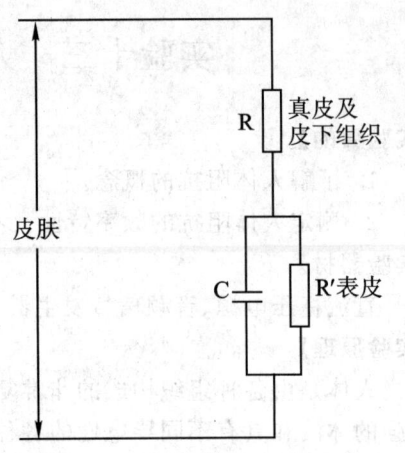

图 2-43 皮肤阻抗的模拟电路

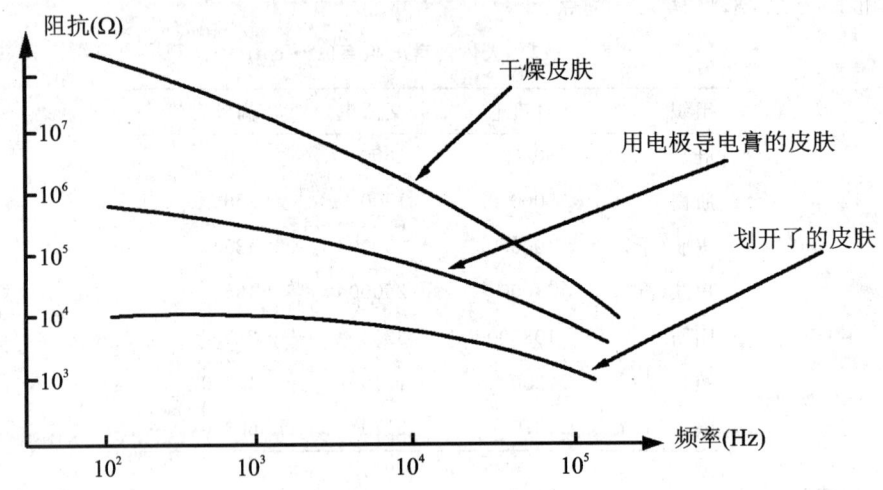

图 2-44 皮肤阻抗与交流电频率的关系

膜),膜把两种导电性很好的溶液分隔开,膜对某些离子易渗透,对另一些离子不易渗透,因而可把生物膜视为漏电电容,其阻抗为膜电容和膜电阻的并联阻抗。细胞间质导电性强,可模拟为电阻。由此可把其它组织模拟为如图 2-45 所示的电阻和电容的串并联组合。

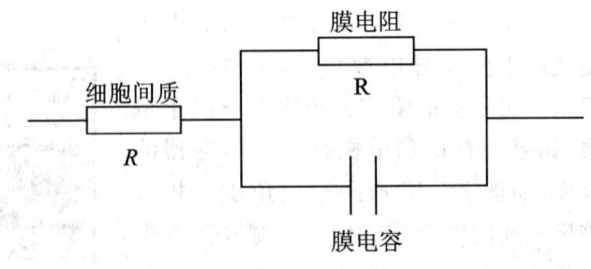

图 2-45 人体阻抗的模拟电路

总之,人体阻抗是皮肤阻抗和其它组织阻抗之和,是大小不同的电阻和电容的复杂组合。机体阻抗的等效电路如图 2-46 所示。影响人体阻抗的因素除了电流的频率和皮肤的干湿程度外,性别、年龄、皮肤的血液循环状态、病理过程、神经系统的活动也对皮肤阻抗有影响。实际测量的人体阻抗还包括电极与皮肤的接触电阻。电极与皮肤接触的松紧、接触面积的大小、接触面的清洁程度以及电极与皮肤

之间有无导电膏等都直接影响接触电阻,实际测量时要尽可能减小接触电阻。

【实验内容与步骤】

1. 人体直流阻抗的测量　实验装置如图 2-47 所示。先用消毒酒精清洗皮肤表面,然后在电极与手臂固定的位置上涂上 NaCl 溶液,电源是输出为 5.0V 的直流稳压电源,电阻为 $R_1=10\ \mathrm{k\Omega}$,如图接通电路。待电路稳定 3 分钟后,用万用表分别测量 U_{ab} 和 U_R。由欧姆定律可知:$U_R/R_1=U_{ab}/Z_1$,所以 $Z_1=R_1U_{ab}/U_R$。反复测量 3 次,求出人体手臂的电阻 Z_1。

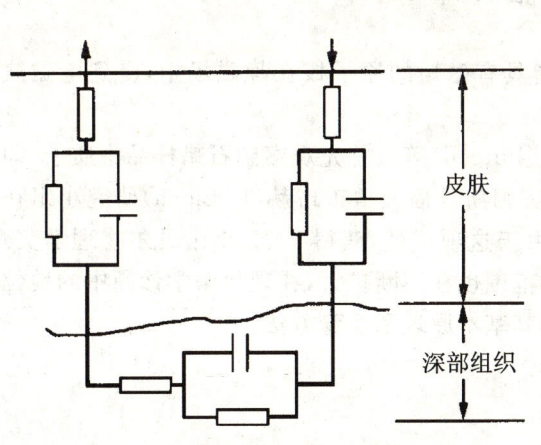

图 2-46　机体阻抗的等效电路　　　　图 2-47　实验装置

2. 人体交流阻抗的测量　把图 2-47 中的直流电源换成信号发生器,用电阻 $R_2=5.1\ \mathrm{k\Omega}$ 换下 R_1。先将信号发生器的输出衰减放在 40dB,并把输出微调逆时针调到底,打开电源开关,预热 5 分钟以上,然后逐渐增大输出使之为 40mV(用晶体管毫伏表测量),改变信号发生器的频率,并保持输出电压不变,分别用毫伏表测出 U_{ab} 和 U_R。根据 $Z_2=R_2U_{ab}/U_R$ 计算出手臂的交流阻抗 Z_2,做 Z_2-lg$f$ 曲线(注意:将各点连成光滑曲线,不要连成折线,个别的点离曲线太远,可舍去),说明变化规律,并指出人体阻抗呈何种性质。

【注意事项】

1. 注意安全,不得随意改变电源输出电压,更不能把市电直接接入人体。
2. 不要在有伤口的地方做实验。
3. 一切都要在教师的指导下进行。

思　考　题

1. 为什么潮湿的手比干燥的手更容易触电?为什么划开的皮肤更易触电?
2. 为什么要在电极与皮肤接触处涂 NaCl 溶液?

第三章 综合性实验

实验一 核磁共振(NMR)实验

核磁共振(nuclear magnetic resonance)是指具有磁矩的原子核在静磁场中,受到电磁波的激发而产生的共振跃迁现象。

1945年12月,美国哈佛大学珀塞尔(E. M. Purcell)等人首先观察到石蜡样品中质子(即氢原子核)的核磁共振吸收信号。1946年1月,美国斯丹福大学布洛赫(F. Bloch)研究小组在水样品中也观察到质子的核磁共振信号。两人由于这项成就,获得1952年诺贝尔物理学奖。核磁共振的相关技术仍在不断发展之中,其应用范围也在不断扩大,在现代医学诊断中的地位也在不断升高,希望通过本实验能使同学能了解其基本原理和实验方法。

【实验目的】
1. 了解核磁共振基本原理。
2. 观察核磁共振稳态吸收信号及尾波信号。
3. 用核磁共振法校准恒定磁场 B_0。
4. 测量 g 因子。

【实验原理】
1. 核磁矩及其排列　核磁共振理论的严格描述必须用到量子力学,但也可以用比较容易接受的经典物理模型进行描述。

许多原子核(并非全部)可被看成为很小的条形磁铁,有磁北极和磁南极。原子核以南北磁极连线为轴,以恒定速率旋转,所以这些原子核具有不为零的角动量 P 和磁矩,简称核磁矩(图3-1)。

通常,原子核的磁极可以指向任意方向,如无外界干扰,它们的指向是没有限制的(图3-2)。一般我们面对的总是数量巨大的原子核群,它们磁矩的矢量平均值为零,即宏观上对外表现没有磁矩。但是当把这些原子核群放在外部磁场中时,原子核的磁矩要与外磁场相互作用,最终的结果是原子核群合成的宏观磁矩 μ 不为零,并与外磁场保持平行。简单的,可以看成是原子核的排列与外磁场平行(图3-3)。

图3-1　原子核的磁

图3-2　没有外磁场时

图3-3　与外磁场作用时

2. 经典物理的矢量模型——拉莫尔进动

在牛顿力学中,一个有一定质量的高速旋转的物体受到重力作用时,当自转轴不与重力平行时,就会产生进动。自然,由于核磁矩与外磁场的相互作用,原子核也会产生进动。由角动量定理可知,其力矩为

$$\vec{L} = \vec{\mu} \times \vec{B} = \frac{d\vec{P}}{dt} \tag{3-1}$$

这个力矩 L 迫使角动量 P 的方向发生改变,围绕外磁场 B 的方向旋转。磁矩 μ 的方向和自旋角动量 L 平行,大小成比例,关系为 $\mu = \gamma P$,所以得到磁矩 μ 的进动关系:

$$\frac{d\vec{\mu}}{dt} = \vec{\mu} \times \gamma \vec{B} \tag{3-2}$$

其中 γ 称为旋磁比。上式的矢量关系可用图 3-4 表示。进动的角频率 ω_0 为:

$$\omega_0 = \gamma B \tag{3-3}$$

μ 与外磁场 B 的作用能为:

$$E = -\vec{\mu} \cdot \vec{B} = -\mu B \cos\theta \tag{3-4}$$

3. 共振

如果这时在 x-y 平面中加一个旋转磁场 B_1,见图 3-5,当 B_1 的角频率 ω 与进动的角频率相等时,磁矩 μ 应当与 B_1 相对静止,那么会使磁矩 μ 再绕 B_1 产生进动,结果使夹角 θ 增大,说明原子核吸收能量,势能增加。所以要使原子核产生共振,其条件为:

$$\omega = \omega_0 = \gamma B \tag{3-5}$$

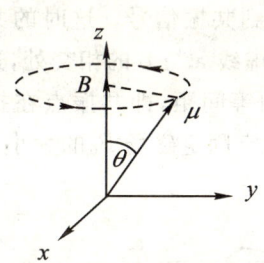

图 3-4 拉莫尔进动

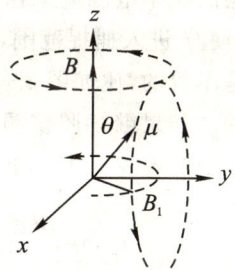

图 3-5 共振时 μ 的运动状态

γ 的大小与原子核的性质有关,这是一个可测量的物理量,其意义是单位磁感应强度下的共振频率。对于裸露的质子,$\gamma/2\pi = 42.577469 \text{MHz/T}$。但在原子或分子中,由于原子核受附近电子轨道的影响使核所处的磁场发生变化,导致在完全相同的外磁场下,不同化学结构的核磁共振频率不同,$\gamma/2\pi$ 值将略有差别,这种差别是研究化学结构的重要信息,称为化学位移。

由量子力学的处理可得到旋磁比 γ 与 g 因子的关系:

$$\gamma = g\frac{\mu_N}{\hbar} = g\frac{e}{2m_p} \tag{3-6}$$

式中 $\mu_N = \frac{e\hbar}{2m_p}$ 称为核磁子,常用做度量核磁矩大小的单位。它是玻尔磁子 $\mu_B = \frac{e\hbar}{2m_e}$ 的 1/1836,m_p 是质子质量,m_e 是电子质量,$\hbar = \frac{h}{2\pi}$,h 为普朗克常数。g 是一个无量纲的量,称"核

g 因子"又称朗德因子,数值取决于原子核的结构,不同的原子核,g 的数值是不同的。

对于核磁共振,在量子力学中的解释是,核磁矩与外磁场的作用造成能级分裂,当加上一个与能级间隔对应的交变磁场时,将产生共振跃迁,粒子从交变磁场中吸取能量。其关系是:

$$\Delta E = h\nu = h\omega = \gamma hB \tag{3-7}$$

4. 共振信号

要产生一个旋转磁场是比较复杂的,实际上仅用一个直的螺线管线圈就能产生所需的共振磁场,如图 3-6 所示。尽管这样的线圈只能产生线偏振的磁场,至于为什么也能够产生共振,请同学们自己分析。

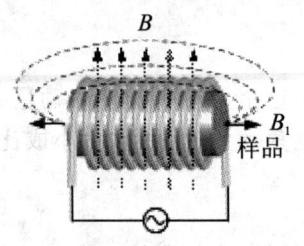

图 3-6 产生共振磁场的方法

从原理上说,有了外部的静磁场 B 和合适的共振磁场 B_1,就已经产生共振了,但是如何才能观察到共振信号,这里还要做技术上的处理。为了能够在示波器上观察到稳定的共振信号,必须使共振信号连续重复出现。为此,可以固定共振磁场的频率,在共振点附近连续反复改变静磁场的场强,使其扫过共振点,这种方法称为扫场法。这种方法需要在平行于静磁场的方向上叠加一个较弱的交变磁场,简称扫场。在连续改变时,要求场强缓慢地通过共振点,这个缓慢是相对原子核的弛豫时间而言的。

仔细地研究一下图 3-7 对如何能顺利地操作实验是很有好处的。图 3-7 给出了扫场频率为 50Hz 时,外磁场随时间的变化及相应的共振信号的关系。从图中可知道,静磁场场强的变化范围是 $B=B_0\pm B'$,要注意,实际扫场的振幅是很小的,在本实验中 $B'/B_0\approx10^{-4}\sim10^{-2}$。可能发生共振的频率范围应落在 $B_0\pm B'$ 之间,所以有一个捕捉范围。必须先要改变共振磁场 B_1 的频率 f,使 f 进入捕捉范围,这时就能在示波器上观察到共振信号。这时的共振信号的间隔很可能是不等的,比如图 3-7 所示,其共振信号发生在虚线 a 与 b 的相交处,这时场强 B 是难以确定的。如果继续调整频率 f,使得共振信号的排列等间距,即共振点在扫场的过零处,即图 3-7 中的虚线 b,那么扫场就不参与共振,从而可确定固定磁场 B_0 的大小。

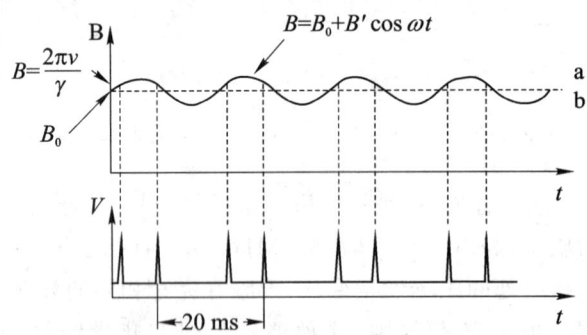

图 3-7 扫场、静磁场与共振信号的关系

本实验的扫场参数是频率为 50Hz、幅为 $10^{-5}\sim10^{-3}$T,对固体样品聚四氟乙烯来说,这是一个变化很缓慢的磁场,其吸收信号如图 3-8a 所示。而对液态水样品来说却是一个变化较快的磁场,其观察到的不再是单纯的吸收信号,将会产生拖尾现象,如图 3-8b 所示。磁场越均匀,尾波中振荡次数越多。

需要指出的是,上面所说的是连续法。这种方法会导致频率分辨率下降,而且不能测量弛豫时间,所以在实际应用中基本不用,但这并不影响对核磁共振原理的理解。另外一种探测方法是脉冲法,这种方法分辨率高,能测量弛豫时间,所以广泛应用于物理、化学、生物等领域。

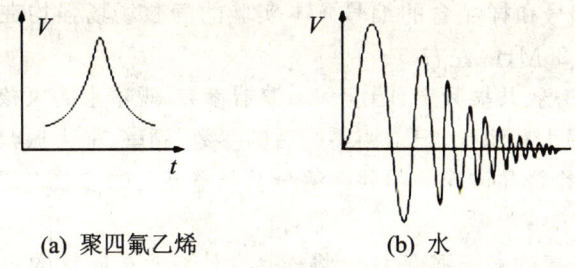

(a) 聚四氟乙烯　　　　(b) 水

图 3-8　不同样品的共振信号

5. 探测器　探头由样品盒和电路盒组成,样品呈柱状,产生高频磁场的线圈绕在外边。线圈绕轴垂直于永久磁铁,这个线圈是自激振荡回路的一部分,它既做发射线圈,也做接收线圈。其原理如下:

一般说,我们希望振荡器工作稳定,不受外界条件变化的影响。但在这里,我们希望振荡器对外界的变化敏感,可探知样品的状态变化。所以,电路盒中的振荡器不是工作在稳幅振荡状态,而是工作在刚刚起振的边缘状态,因此又称为边限振荡器。它的特点是电路参数的任何变化都会引起振荡幅度的明显变化。当发生共振时,样品要吸收磁场能量,导致线圈的品质因数 Q 值下降。Q 值的下降引起振荡幅度的变化。检出振荡波形的包络线,这个变化就是共振信号,经放大后就可送到示波器观察。

【实验仪器】

1. 实验装置　实验装置见图 3-9,它由永久磁铁、扫场线圈、探头(含电路盒和样品盒)数字频率计、示波器、可调变压器和 220V/6V 变压器组成。

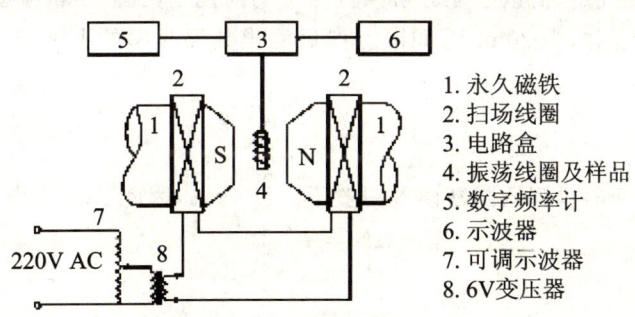

1. 永久磁铁
2. 扫场线圈
3. 电路盒
4. 振荡线圈及样品
5. 数字频率计
6. 示波器
7. 可调示波器
8. 6V变压器

图 3-9　简易核磁共振仪

2. 永久磁铁:对永久磁铁要求有强的磁场和足够大的匀场区,本实验用的磁场强度约为 0.5T,中心区($5mm^3$)均匀性优于 10^{-5}。

3. 扫场线圈:产生一个可变幅度的扫场。

4. 探头(含电路盒和样品盒):有两个探头,一个是掺有三氯化铁的水样品,一个是固体样品聚四氟乙烯。

5. 可调变压器和 220 V/6 V 变压器:用来调节扫场线圈的电流,220 V/6 V 还有隔离作用。

【实验内容】

1. 记录下仪器的编号和样品盒的编号。本实验的静磁场场强均在 0.57T 左右,所以水的氢核共振频率在 24~25MHz 左右。

接好线路后,调整扫场、共振频率、幅度和示波器参数,观察水的氢核和氟核样品的核磁共振信号,使之达到幅度最大和稳定,记录调整好后的参数(频率、最大振幅、调整旋钮的位置)和波形。绘制一张包含两个样品波形的图并把编号及调整好后的参数也记录在上面。这一内容应该结合后面的实验内容一起做。

2. 标定样品所处位置的磁场强度 B_0。将样品盒放在永久磁铁的中心区。观察掺有三氯化铁的水中质子的磁共振信号,测出样品在永久磁铁中心时质子的共振频率 v。对于温度为 25℃球形容器中水样品的质子,旋磁比为:$\gamma/2p = 42.576375$ MHz/T,从而由公式:$2pv = \gamma B$ 计算样品所处位置的磁场强度 B_0。由图 3-7 可知,外加总磁场为

$$B = B_0 + B'\cos\omega t \tag{3-8}$$

这里的 B' 是扫场的幅度,ω 是扫场的圆频率。为了加宽捕捉范围,在开始调试时,可以把扫场的幅度加大,这样便于共振频率的寻找。因为我们要确定的磁场是 B_0,因此必须让共振点发生在扫场过零处,即图 3-7 中扫场与线 b 的交点上。易知,这时的共振信号为等分间隔,且间隔为 10ms。

在示波器上严格地分辨等分间隔是不容易的,这里提出一个方法,从图 3-7 可以看出,当共振点不在扫场过零处时,改变扫场幅度会导致共振信号成对地靠近或分开。只有当共振点恰巧在扫场过零处时,不论扫场幅度加大或减小,共振信号都不会移动。所以可以在共振信号大致等间隔后用这种方法细调。

对于计算 B_0 的测量误差,我们可以用两边夹的方法来确定。从图 3-7 可知,共振频率的上下限由扫场的振幅决定,所以在能分辨共振信号的前提下,我们尽量减小振幅。调整共振频率,使共振信号两两合并,为 20ms 等间隔。然后测出共振频率的上下限 v_1 和 v_2,由式(3-9)可计算扫场振幅

$$B' = \frac{(v_1 - v_2)/2}{\gamma/2\pi} \tag{3-9}$$

实际上,共振信号等间隔排列的判断误差一般不超过 10%,因此 ΔB_0 可取上式的 1/10,即

$$\Delta B = B'/10 \tag{3-10}$$

从而有

$$B_0 = 测量值 \pm 估计误差 \tag{3-11}$$

3. 求氟核 ^{19}F 的旋磁比 γ_F 和朗德因子 g

观察并记录固态聚四氟乙烯样品中氟核的磁共振信号,测出样品处在与水样品相同磁场位置时的氟核的共振频率。因已测得 B_0,所以由以上公式可算得氟核的旋磁比 γ_F。

由旋磁比定义:$\gamma = g2p\mu_N/h$,可计算出氟核的 g 因子。

这里 μ_N 是核磁子:

$\mu_N = 3.1524515 \times 10^{-14}$ MeV/T;h 是普朗克常数,$\mu_N/h = 7.6225914$ MHz/T。相对误差为

$$E = \frac{\Delta g}{g} = \sqrt{\left(\frac{\Delta v_F}{v_F}\right)^2 + \left(\frac{\Delta B_0}{B_0}\right)^2} \tag{3-12}$$

式中 Δv_F 的求法与计算 B' 时类似。B_0 和 ΔB_0 利用所测的结果。

【注意事项】

1. 由于扫场的信号从市电取出,频率为 50 Hz。每当 50 Hz 信号过零时,样品所处的磁场是恒定磁场 B_0。所以应先加大扫场信号,让总磁场有较大幅度的变化范围,以利于找到磁振信号,然后调整频率。

2. 样品在磁场的位置很重要,应保证处在磁场的几何中心,除非有其它要求。

3. 调节时要缓慢,否则 NMR 信号一闪而过。

4. 请勿打开样品盒。

5. 调节扫场幅度的可调变压器的调节范围为 0~100 V。

思 考 题

1. 本实验中有几个磁场?它们的相互方向有什么要求?

2. 在医院的核磁共振成像宣传资料中,常常把拥有强磁场(1~1.5 T)作为一个宣传的亮点。请问,磁场的强弱对探测质量有什么关系吗?为什么?

实验二 全息照相

【实验目的】
1. 了解全息照相的基本原理。
2. 学习全息照相的实验技术,拍摄合格的全息图。
3. 了解摄影暗室技术。

【实验仪器】
JQX-1型激光全息实验台、He-Ne激光器、光开关及DBD-I电脑多功能曝光定时器、分束镜一个、扩束镜两个、全反射镜两个、被摄物体(如:小鸡、小鸭等)及放置物体的底座、全息干版及底架、暗室技术使用的设备。

【实验原理】
全息照相的基本原理早在1948年就由伽伯(D. Gabor)发现,但是由于受光源的限制(全息照相要求光源有很好的时间相干性和空间相干性),在激光出现以前,对全息技术的研究进展缓慢,在20世纪60年代激光出现以后,全息技术得到了迅速的发展。目前,全息技术在干涉计量、信息存储、光学滤波以及光学模拟计算等方面得到了越来越广泛的应用。伽伯也因此而获得了1971年度的诺贝尔物理学奖。在医学上,全息照相也得到了广泛的应用,例如在眼科,一张全息眼底照片包含的信息量是普通照片的几百倍。

(一)全息照相与全息照相术

在介绍全息照相的基本原理之前,我们首先来看一下全息照相和普通照相有什么区别。总的来说,全息照相和普通照相的原理完全不同。普通照相通常是通过照相机物镜成像,在感光底片平面上将物体发出的或它散射的光波(通常称为物光)的强度分布(即振幅分布)记录下来,由于底片上的感光物质只对光的强度有响应,对相位分布不起作用,所以在照相过程中把光波的位相分布这个重要的信息丢失了。因而,在所得到的照片中,物体的三维特征消失了,不再存在视差,改变观察角度时,并不能看到像的不同侧面。全息技术则完全不同,由全息术所产生的像是完全逼真的立体像(因为同时记录下了物光的强度分布和位相分布,即全部信息),当以不同的角度观察时,就像观察一个真实的物体一样,能够看到像的不同侧面,也能在不同的距离聚焦。

全息照相在记录物光的相位和强度分布时,利用了光的干涉。从光的干涉原理可知:当两束相干光波相遇,发生干涉叠加时,其合强度不仅依赖于每一束光各自的强度,同时也依赖于这两束光波之间的相位差。在全息照相中就是引进了一束与物光相干的参考光,使这两束光在感光底片处发生干涉叠加,感光底片将与物光有关的振幅和位相分别以干涉条纹的反差和条纹的间隔形式记录下来,经过适当的处理,便得到一张全息照片。

(二)全息照相的基本过程

具体来说,全息照相包括以下两个过程:

1. 波前的全息记录 利用干涉的方法记录物体散射的光波在某一个波前平面上的复振幅分布,这就是波前的全息记录。通过干涉方法能够把物体光波在某波前的位相分布转换成光强分布,从而被照相底片记录下来,因为我们知道,两个干涉光波的振幅比和位相差决定着干涉条纹的强度分布,所以在干涉条纹中就包含了物光波的振幅和位相信息。典型的全息记录装置光路如图3-10所示:从激光器发出的相干光波被分束镜分成两束,一束经反射、扩束后照在被摄物体上，经物体的反射或透射的光再射到感光底片上，这束光称为物光波；另一束经反射、扩束后直接照射在感光底片上，这束光称为参考光波。由于这两束光是相干的，所以在感光底片上就形成并记录了明暗相间的干涉条纹。干涉条纹的形状和疏密反映了物光的位相分布的情况，而条纹明暗的反差反映了物光的振幅，感光底片上将物光的信息都记录下来了，经过显影、定影处理后，便形成与光栅相似结构的全息图——全息照片。所以全息图不是别的，正是参考光波和物光波干涉图样的记录。显然，全息照片本身和原始物体没有任何相似之处。

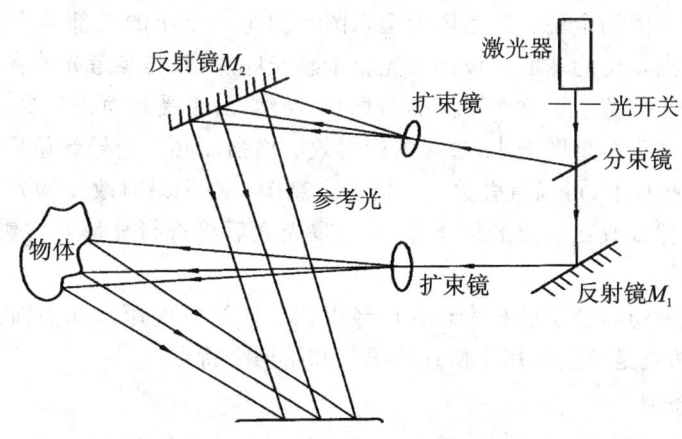

图 3-10 漫反射全息光路图

2. 物光波前的再现　物光波前的再现利用了光波的衍射，如图 3-11 所示。用一束参考光（在大多数情况下与记录全息图时用的参考光波完全相同）照射在全息图上，就好像在一块复杂光栅上发生衍射，在衍射光波中将包含原来的物光波，因此当观察者迎着物光波方向观察时，便可看到物体的再现像。这是一个虚像，它具有原始物体的一切特征。此外还有一个实像，称为共轭像。应该指出，共轭波所形成的实像的三维结构与原物并不完全相似。

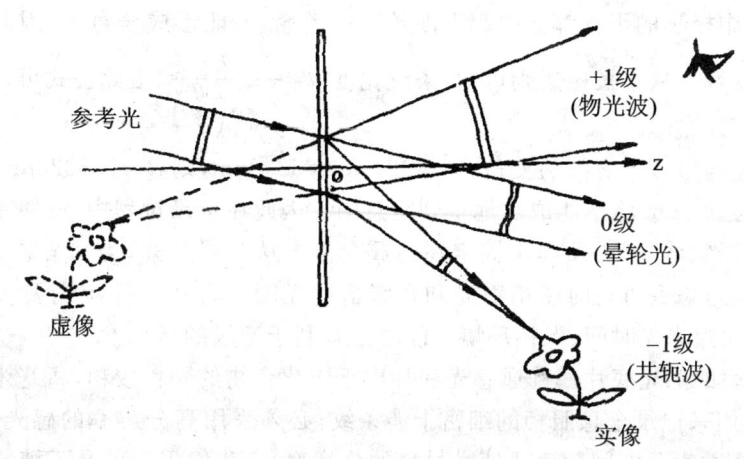

图 3-11 物光波的再现

（三）全息照相的主要特点和应用

全息照片具有许多有趣的特点：

1. 片上的花纹与被摄物体无任何相似之处，在相干光束的照射下，物体图像却能如实重现。

2. 立体感很明显（三维再现性），如某些隐藏在物体背后的东西，只要把头偏移一下，也可以看到。视差效应很明显。

3. 全息图打碎后，只要任取一小片，照样可以用来重现物光波。犹如通过小窗口观察物体那样，仍能看到物体的全貌。这是因为全息图上的每一个小的局部都完整地记录了整个物体的信息（每个物点发出的球面光波都照亮整个感光底片，并与参考光波在整个底片上发生干涉，因而整个底片上都留下了这个物点的信息）。当然，由于受光面积减少，成像光束的强度要相应地减弱；而且由于全息图变小，边缘的衍射效应增强而必然会导致像质的下降。

4. 在同一张照片上，可以重叠数个不同的全息图。在记录时改变物光与参考光之间的夹角、改变物体的位置或改变被摄的物体等，一一曝光之后再进行显影与定影，再现时能一一重现各个不同的图像。

由于具有这些特点，全息照相术现在已经得到了广泛的应用。如前面提到的全息信息存储和全息干涉分析就是分别应用了所述的第三和第四个特点。

（四）实验条件

为了实现全息照相，实验装置必须具备下述的三个基本条件：

1. 一个好的相干光源。全息原理在1948年就已提出，但由于没有合适的光源而难以实现。激光的出现为全息照相提供了一个理想的光源，这是因为激光具有很好的空间相干性和时间相干性。本实验用多纵模 He-Ne 激光器，其波长为 632.8nm，其相干长度约为 20cm。为了保证物光和参考光之间良好的相干性，应尽可能使两光束的光程接近，一般要求光程差不超过 4cm，以使光程差在激光的相干长度内。

2. 一个稳定性较好的防震台。由于全息底片上所记录的干涉条纹很细，相当于波长量级，在照相过程中极小的干扰都会引起干涉条纹的模糊，不能形成全息图，因此要求整个光学系统的稳定性良好。从布拉格法则可知：条纹宽度 $d = \dfrac{\lambda}{2\sin\left(\dfrac{\theta}{2}\right)}$，由此公式可以估计一下条纹的宽度。当物光与参考光之间的夹角 $\theta = 60°$ 时，$\lambda = 632.8$nm，则 $d = 0.6328\mu m$。可见，在记录时条纹或底片移动 $1\mu m$ 将不能成功地得到全息图。因此在记录过程中，光路中各个光学元件（包括光源和被摄物体）都必须牢牢固定在防震台上。从公式可知，当 θ 角减小时，d 增加，抗干扰性增强。但考虑到再现时使衍射光和零级衍射光能分得开一些，θ 角要大于 $30°$，一般取 $45°$ 左右。适当缩短曝光时间、保持环境安静都是有利于记录的。

3. 高分辨率的感光底片。普通感光底片由于银化合物的颗粒较粗，每毫米只能记录几十至几百条，不能用来记录全息照相的细密干涉条纹，必须采用高分辨率的感光底片（一般采用条纹宽度 d 的倒数表示空间频率或感光材料的分辨率）。我们采用的是天津感光胶片厂出品的 GS-I 型红光干版。其极限分辨率为 3000 条每毫米。

其实，要获得最终的全息图，充分了解和学习感光底片的显影、定影、冲洗等有关摄影的暗室技术知识也是不可缺少的。

【实验内容与步骤】

（一）全息记录

1. 调节防震台。分别对三个低压囊式空气弹簧充气，注意三个气囊充气量要大致相同，然后成等腰三角形放置，气嘴应向外。然后再把钢板压上。用水平仪测量钢板的水平度，如果不平，可稍稍放掉一些某个气囊中的空气，知道调平为止。

2. 打开激光器，参照图 3-11 摆好光路，使光路系统满足下列要求：

（1）物光和参考光的光程大致相等。

（2）经扩束镜扩展后的参考光应均匀照在整个底片上，被摄物体各部分也应得到较均匀的照明。

（3）使两光束在底片处重叠时之间的夹角约为 45°。

（4）在底片处物光和参考光的光强比约为 1:2~1:6。

3. 关上照明灯（可开暗绿灯），确定曝光时间，调好定时曝光器。可以先练习一下快门的使用。

4. 关闭快门挡住激光，将底片从暗室中取出装在底片架上，应注意使乳胶面对着光的入射方向。静置 3 分钟后进行曝光。曝光过程中绝对不准触及防震台，并保持室内安静。

5. 显影及定影　显影液采用 D-19，定影液采用 F-5。它们由实验室提供。如室温较高，显影后底片应放在 5% 冰醋酸溶液中停显后再定影。显影定影温度以 20℃ 最为适宜。显影时间 2~3 分钟，定影时间 5~10 分钟。定影后的底片应放在清水中冲洗 5~10 分钟（长期保存的底片定影后要冲洗 20 分钟以上），晾干。

（二）物像再现

将全息照片放回原处，遮住物光，用参考光束照亮全息片，可观察到：

1. 物的虚像　+1 级衍射光，在全息片后，用眼睛直接地观察，在原物处有物的虚像。改变观察角度，看到虚像有何不同？通过有小孔的纸片观察，在不同的部位看到的虚像有何不同？改变参考光束的强弱与远近，看到的情况有何不同？

2. 物的共轭像　-1 级衍射光（在 0 级光的另一侧），用毛玻璃屏接收物体的共轭实像。

思 考 题

1. 许多实验教材中强调说，物光波和参考光波的光程差要很小甚至要接近相等，请思考若使它们的光程差比较大（如：20 cm 或 40 cm），是不是一定得不到全息图，若有条件，不妨做一下实验检验你的想法。

2. 在没有激光进行再现的条件下，如何检验干版上是否记录了信息？

附 录

（一）D-19 显影液

1. 配方

(1) 温水 50℃　　　　　　　　800 ml
(2) 米土尔　　　　　　　　　2g
(3) 无水亚硫酸钠　　　　　　72g
(4) 对苯二酸　　　　　　　　8.8g
(5) 无水碳酸钠　　　　　　　4.8g

(6)溴化钾 4g

2. 配制

将上述药品按配方顺序放入容器中,同时充分搅拌,每加一种药完全溶解后,再加另一种药品。否则所配的显影液容易产生浑浊而效果差,最后加水至1000ml充分混合,室温4℃避光保存。

(二) F-5 定影液

1. 配方

(1)温水 60~70℃　　　　　　　600 ml
(2)结晶硫代硫酸钠　　　　　　240 g
(3)无水亚硫酸钠　　　　　　　15 g
(4)醋酸 30%　　　　　　　　　45 ml
(5)硼酸　　　　　　　　　　　7.5 g
(6)铝钾矾　　　　　　　　　　15 g

2. 配制　配制方法同上。

实验三 声速的测量

声波是在弹性媒质中传播的一种机械波,由于其振动方向与传播方向一致,故声波是纵波。振动频率在 20~20kHz 的声波可以被人们听到,称为可闻声波;频率超过 20kHz 的声波称为超声波。

对于声波特性的测量(如频率、波速、波长、声压衰减和相位等)是声学应用技术中的一个重要内容,特别是声波波速(简称声速)的测量,在声波定位、探伤、测距等应用中具有重要的意义。

【实验目的】
1. 学会用共振干涉法、相位比较法以及时差法测量介质中的声速。
2. 学会用逐差法进行数据处理。
3. 了解声速与介质参数的关系。

【实验仪器】
信号源、压电换能器(安装在大游标卡尺上)、示波器、温度计。

【实验原理】
超声波具有波长短、易于定向发射、易被反射等优点,在超声波段进行声速测量的优点还在于超声波的波长短,可以在短距离较精确地测出声速。

超声波的发射和接收一般通过电磁振动与机械振动的相互转换来实现,最常见的方法是利用压电效应和磁致伸缩效应来实现的。本实验采用的是压电陶瓷制成的换能器(探头),这种压电陶瓷可以在机械振动与交流电压之间双向换能。

声波的传播速度与其频率和波长的关系为

$$v = \lambda \cdot f \tag{3-13}$$

由式(3-13)可知,测得声波的频率和波长,就可得到声速。同样,传播速度亦可用

$$v = L/t \tag{3-14}$$

表示,若测得声波传播所经过的距离 L 和传播时间 t,也可获得声速。

1. 共振干涉法　实验装置如图 3-12 所示,图中 S_1 和 S_2 为压电晶体换能器,S_1 作为声波源,它被低频信号发生器输出的交流电信号激励后,由于逆压电效应发生受迫振动,并向空气中定向发出一近似的平面声波;S_2 为超声波接收器,声波传至它的接收面上时,再被反射。当 S_1 和 S_2 的表面互相平行时,声波就在两个平面间来回反射,当两个平面间距 L 为半波长的整数倍,即

$$L = n\frac{\lambda}{2}, n = 0, 1, 2 \cdots\cdots \tag{3-15}$$

时,来回声波的波峰与波峰、波谷与波谷正好重叠,形成驻波。

因为接收器 S_2 的表面振动位移可以忽略,所以对位移来说是波节,对声压来说是波腹。本实验测量的是声压,所以当形成驻波时,接收器的输出会出现明显增大。从示波器上观察到的电压信号幅值也是极大值(图 3-13)。

图中各极大值之间的距离均为 $\lambda/2$,由于散射和其他损耗,各极大值幅值随距离增大而逐渐减小。我们只要测出各极大值对应的接收器 S_2 的位置,就可测出波长。由信号源读出超声波的频率值后,即可由公式(3-13)求得声速。

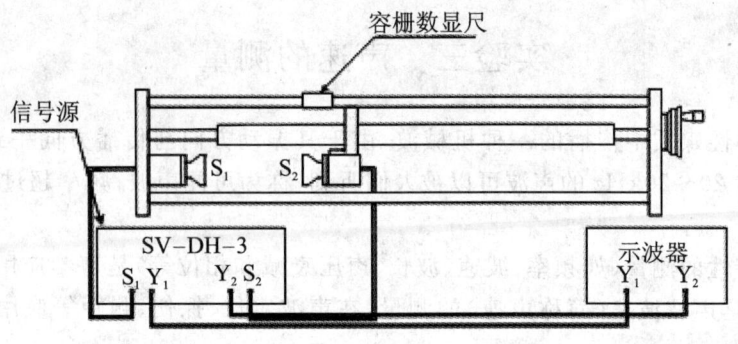

图 3-12　实验装置图

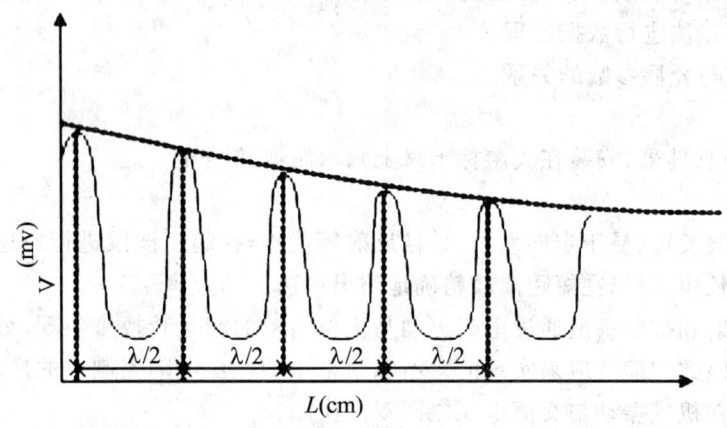

图 3-13　接收器表面声压随距离的变化

2. 相位比较法　波是振动状态的传播,也可以说是位相的传播。沿波传播方向的任何两点同相位时,这两点间的距离就是波长的整数倍。利用这个原理,可以精确地测量波长。实验装置如图 3-12 所示,沿波的传播方向移动接收器 S_2 总可以找到一点,使接收到的信号与发射器的位相相同;继续移动接收器 S_2,接收到的信号再次与发射器的位相相同时,移过的距离等于声波的波长。

同样也可以利用李萨如图形来判断相位差。实验中输入示波器的是来自同一信号源的信号,它们的频率严格一致,所以李萨如图形是椭圆,椭圆的倾斜与两信号间的位相差有关,当两个信号间的位相差为 0 或 π 时,椭圆变成倾斜的直线。

3. 时差法　用时差法测量声速的实验装置仍采用上述仪器。由信号源提供一个脉冲信号经 S_1 发出一个脉冲波,经过一段距离的传播后,该脉冲信号被 S_2 接受,再将该信号返回信号源,经信号源内部线路分析、比较处理后输出脉冲信号在 S_1、S_2 之间的传播时间 t,传播距离 L 可以从游标卡尺上读出,采用公式(3-14)即可计算出声速。

4. 逐差法处理数据　对上述数据的处理,按理可采用两相邻极大值所对应的位置相减得到 $\lambda/2$,但这样则在计算平均值时有

$$\frac{\bar{\lambda}}{2} = [(L_1 - L_0) + (L_2 - L_1) + \cdots\cdots (L_n - L_{n-1})]/n = [L_n - L_0]/n \quad (3-16)$$

实际上只有 L_n 和 L_0 两个数据起作用,这两个数据如有误差,将严重影响结果的准确性,

而其他的数据没有利用,失去了在大量数据中求平均以减小误差的作用。

由误差理论可知,多次测量的算术平均值为最近真值。为避免上述情况,一般在连续测量等间隔数据时,常把数据分成两组,逐次求差再算平均值,这样得到的结果就保持了多次测量的优点。但应注意,只有在连续测量的自变量为等间隔变化,相应两个因变量之差均匀的情况下,才可用逐差法处理数据。

在本实验中,若用游标卡尺测出 $2n$ 个极大值的位置,并依次算出每经过 n 个 $\lambda/2$ 的距离为

$$n\frac{\bar{\lambda}}{2} = [\sum_{i=1}^{n}(L_{n+i} - L_i)]/n \qquad (3-17)$$

这样就很容易计算出 $\bar{\lambda}$。若测不到 20 个极大值,则可少测几个(一定是偶数),用类似方法计算即可。

【实验内容】

1. 共振干涉法测量空气中的声速

(1) 熟悉信号源面板上的各项功能以及示波器的使用方法。按图 3-12 接好线路,并将两换能器 S_1、S_2 之间的距离调至 1cm 左右。

(2) 打开信号源与示波器的电源,将信号源面板上的"测试方法"确定为连续波;"传播介质"确定为空气。然后调节"发射强度"(从示波器上观察电压峰-峰值为 10V),调节"信号频率"观察频率调整时接受波的电压幅度变化。在某一频率点处(34.5~37.5kHz 之间)电压幅度最大,此频率即为换能器 S_1、S_2 相匹配频率点,记下该频率值。

(3) 转动 S_2 的移动螺柄,逐步增加 L,观察示波器上 S_2 电压的输出变化,当电压达到极大值时,记下 S_2 的位置 L_1。

(4) 继续增加 L,达到下一个极大值点,记下 L_2,需测 20 个点(至少 12 个点)。

2. 用相位法测量空气中的声速

(1) 利用李萨如图形比较发射信号与接收信号间的相位差。移动接收器,依次记下图形为斜直线时游标尺上的读数,连续两次观察到倾角相同的斜直线对应于相位的改变了 2π,即对应接收器改变了一个波长的距离。

(2) 测量出现同方向斜线的连续 10 个点的位置,用逐差法处理数据。

3. 用时差法测量空气中的声速

实验中超声波的发射是个单脉冲,可确定精确的发射时点。但在接收端由于被接收到的单脉冲激发出余震的缘故,单脉冲引起的是衰减震荡,其余震可以在两个探头间产生共振,对接收时点的测定产生了干扰。故测量中必须避免将探头停在共振的位置上。是否出现共振可通过示波器看出。

(1) 将面板上"测试方法"确定为脉冲波,"传播介质"确定为空气(S_1 和 S_2 间距约大于 10cm)。

(2) 调节"接收增益",在接收增益尽量小的前提下做到时间读数约在 400 微秒且读数稳定。

(3) 记录此时的距离值 L_1 和显示时间 t_1。移动 S_2 到另一点(L_2)并调节接收增益,保持信号幅度不变,记录 L_2 和 t_2。

(4) 重复(3),约测量 6~7 点,记录下各次的 L_i、t_i,可用下式计算 $v = (L_i - L_1)/(t_i - t_1)$。

4. 用时差法测量液体中的声速

(1) 选用加水的测量仪器。
(2) 将面板上"传播介质"确定为液体。
(3) 调节"接收增益",在接收增益尽量小的前提下做到时间读数约在 100 微秒且读数稳定。
(4) 重复实验内容 3 中的(3)和(4)。

【注意事项】

1. 测量时应调节螺杆使 S_2 移动,请避免空回误差。
2. 当使用液体为介质测声速时,应避免液体接触到其他金属件和容栅数显尺上,以免损坏仪器。
3. 使用时,应避免信号源的信号输出端短路。
4. 用时差法测量时,S_1 和 S_2 之间的距离要约大于 10cm 时开始测量。

思 考 题

1. 为什么换能器要在谐振频率条件下进行声速测定?
2. 要让声波在两个换能器之间产生共振必须满足哪些条件?
3. 试举三个超声波应用的例子,它们都是利用了超声波的哪些特性?
4. 在时差法测量中,为何共振或接收增益过大会影响声速仪对接收时点的判断?

附 录

声速是声波在介质中传播的速度,其中声波在空气中的传播比较重要,空气可以作为理想气体处理,声波在空气中的传播速度

$$v = \sqrt{\frac{\gamma \cdot R \cdot T}{M}} \qquad (3-18)$$

式中,γ 是空气定压比热容和定容比热容的比($\gamma = C_P/C_V$);R 是气体普适常数;M 是气体分子量;T 是绝对温度。

由式(3-18)可见,温度是影响空气中声速的主要因素。如果忽略空气中水蒸气及其他夹杂物的影响,在 0℃($T_0 = 273.15K$)时的声速

$$v_0 = \sqrt{\frac{\gamma \cdot R \cdot T_0}{M}} = 331.45 \text{m/s}$$

在 t℃时的声速

$$v_t = v_0 \sqrt{\left(1 + \frac{t}{273.15}\right)}$$

实验四 B型超声诊断仪的使用

【实验目的】

1. 了解超声诊断的物理基础。
2. 了解B型超声诊断仪的基本原理。
3. 学习B型超声诊断仪的使用方法。

【实验仪器】

SDL-150主机,12in电视监视器、3.5Hz 100mm探头(标准件)、脚踏开关、吊钩(探头吊具)、波拉罗伊德照相、超声传导耦合剂。

【仪器描述】

1. 操纵面板上各薄膜开关的功能见图3-14。

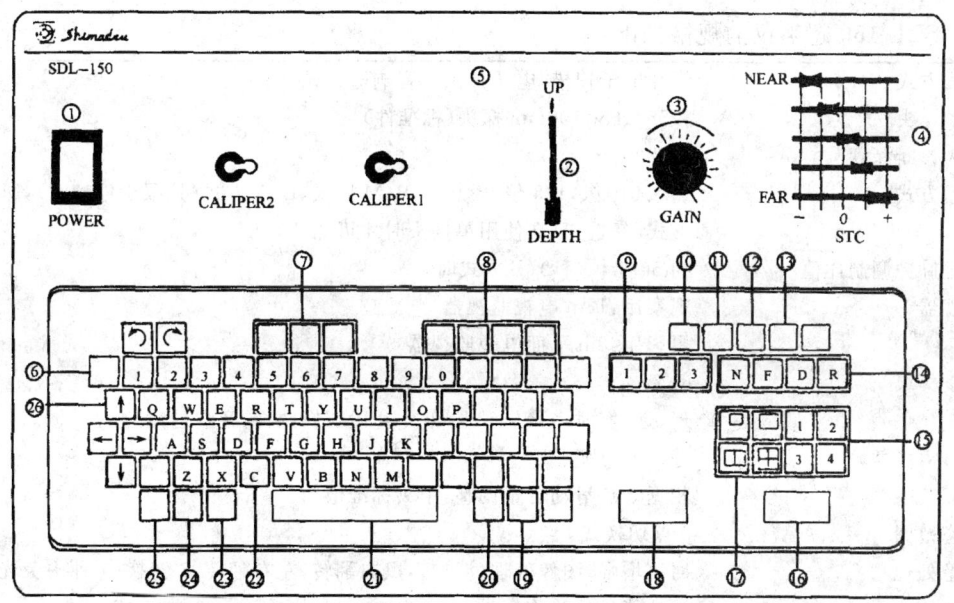

①电源开关 ②诊断深度设定控制杆 ③增益 ④扫描调整拨钮 ⑤浓度:阳/阴(内部) ⑥说明显示清除 ⑦计测、指示器 ⑧B/M方式选择,M方式控制 ⑨动态范围 ⑩图像处理 ⑪γ变换 ⑫增强回波 ⑬左右反转显示 ⑭超声波射束聚焦 ⑮图像选择 ⑯停帧 ⑰图像显示方式 ⑱摄影快门 ⑲备考 ⑳患者编号/姓名 ㉑键盘板 ㉒内脏名称 ㉓时间 ㉔日期、医院名称 ㉕说明 ㉖人体重点部位记号

图3-14 操纵台面板上各薄膜开

2. 仪器结构的外形如图3-15、图3-16所示。

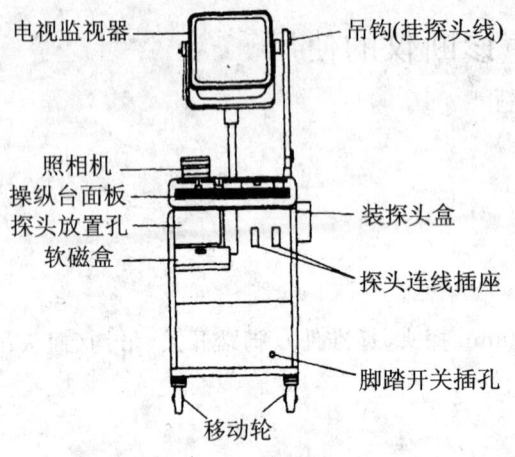
图 3-15 SDL-150 主机外形图

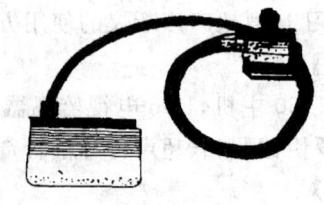
图 3-16 探头

3. SDL-150 超声仪的规格如下：

扫描方式	线性电子扫描,电子聚焦＋音响透镜式
探　　头	3.55MHz、100mm 探头(标准件)
最大诊断深度	约 220mm(max)
显示方式	1、2、4 图像,1.5 倍,B 方式,B/M 方式,B/A 方式(只限于停帧时),M 方式(任选,只在使用单探头时才可能)
数据脉冲调制比值	约 50 半帧(秒)(B 方式时)
监视器	观察用:12in 电视监视器
	摄影用:8in 平面电视监视器
灰度等级	64 级
聚　　焦	近、远、实时多聚焦(2 段切换、4 段切换两种,音响透镜)
GAIN(增益)	等级式可变
STC	相据 5 点滑动音量调整,中央标准值
动态范围	3 点切换式
图像处理	回波增强、图像处理(滤波)、黑白翻转、左右翻转、γ 转换(4 种＋荧光屏功能)、反差均衡
计　　测	测定距离、计算面积、回波数据、胎儿周数显示、测定周围长度、光圈(疑似病灶)、测定瓣跳动速度
字符显示	患者编号/姓名、各种检查条件、摄影胶片张数、使用的探头、各种说明(在图像上可能显示)、日期(具有固定存储功能),医院名称
人体部位记号显示	根据人体部位记号显示探头位置
探头选择	使用转换开关选择探头功能
电　　源	AC100/120/220/240V,50/60Hz
功　　率	350VA
外形尺寸	W510×H1368×D750mm
重　　量	约 85kg
特别附件	M 方式配套元件、软磁盘、彩色图像任选器、35mm 摄像机、线性扫描型记录器、多影成像器、各种探头(5MHz・85mm、3.5MHz・120mm,活组织检查用探头等)(外装型和内装型)

【实验原理】

1. 超声诊断的物理基础　超声波、声波和次声波都是在弹性介质中以纵波形式进行传播的机械波。波源所激起的纵波频率在 20～20 000Hz 范围内能引起人耳听觉的称为声波(或可听声波);频率低于 20Hz 的叫次声波,频率高于 20 000Hz 的叫超声波。

超声波在人体中传播时,对于大多数软组织,其传播速度相差不大,平均声速约为 1540m/s,但在骨骼中传播速度要比软组织中传播速度快三倍。超声波在人体组织内传播时,由于它被人体组织吸收、反射、绕射、折射和散射等原因,其能量将发生衰减。

人体组织对超声波的吸收不仅与媒质物理特性有关,而且与其生理状态有关。临床实验结果表明,正常组织与病变组织对超声波的吸收程度是不同的,癌组织对超声的吸收较大,炎症组织次之,正常组织最小。

超声波在人体组织内传播时,如果遇到不同声阻抗(即介质密度 ρ 与介质声速 v 之乘积)的界面,将有一部分被反射,另一部分进入界面透射或折射。如果超声波垂直射入人体组织和遇到声阻抗相差较小的界面时,则主要发生反射和透射现象。而反射则是超声诊断的物理基础。

目前,超声诊断已广泛应用于眼、脑、肝、脾、胆、肾、子宫、胎儿、心脏等疾病的诊断或辅助诊断。由于超声诊断时所用的超声波声强小、对人体无损伤、操作简便、显示迅速准确,所以它已成为临床诊断的重要手段之一。

2. 超声换能器　任何一种形式的超声诊断仪都有一个超声换能器,俗称探头,它是发送和接收超声波的重要部件。它的功能是,将高频电能转换成机械能,用以向人体辐射超声波,又可以将接收从人体内反射回来的超声波转换成易于检测的电信号。所以,它既是超声波的"出口"处,又是超声波的"入口"处。超声诊断仪探头的形状和种类甚多,但其基本结构和原理是大致相同的。

下面介绍一种在超声实时动态显像诊断仪中使用的多元换能器。它以高速扫描声速来实现动态显像,将所接收的反射波以光点形式显示在时基扫描线上,反射波的强弱与光点的亮度相对应,如无反射,则在扫描线上相应处为暗点。因此,在时基扫描线上光点分布的情况反映了超声波所通过的人体组织结构的情况。改变探头发出的超声束的指向及位置,则在荧光屏上的时基扫描线也会作相应的同步移动(包括位置与方向),因此,当探头发出的超声束在人体组织结构的平面上扫过时,在荧光屏上就能看到由光点组成的切面声像图。

3. B 型超声诊断仪的工作原理

超声诊断仪按其工作原理大致可分为三种:反射法(脉冲波)、多普勒法和透射法。B 型超声诊断仪是采用了反射法的切面声像图显示。

超声脉冲反射法是把几兆赫至十几兆赫的高频超声脉冲发射到生物体内再接收来自生物体内的反射波(回波)的方法,此法也称为脉冲回波法。检测回波脉冲可以获得超声波在介质内反射界面的位置。设脉冲反射到回波接收之间的时间间隔为 t、声速为 c、超声回波的距离为 s(则声脉冲一往一返通过的路径为 $2s$),如图 3-17 所示。由关系式

$$t = \frac{2s}{c}$$

可知,若测定了时间 t,就可得出界面位置。

脉冲回波显示在电子束管的屏幕上,能显示体内有关结构信息,显示的类型有两种,一种是以回波波强幅度曲线显示回声图;另一种是以回波构成的图像显示(声像图)。如图 3-17(b)所

示,假如接收到第一个回波是从腹壁反射的;第二个回波是从脏器前壁反射的;第三个回波是从脏器后壁反射的;第四个回波是从椎骨反射的。则从图 3-17 中可以看出脏器后壁反射的回波比前壁反射的回波微弱,这是因为超声在人体内传播时,随着深度的增加而减弱。但从椎骨反射的回波强度为何反而增强呢?这是因为椎骨能将超声能量大部分反射回来,而软组织只能反射很少的一部分。如图 3-17 所示,(a)为 A 型超声诊断仪显示的回波强度的幅度曲线图形,(b)为 B 型超声诊断仪中采用的

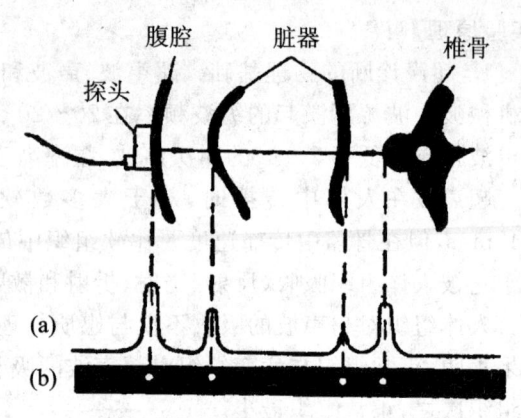

图 3-17 超声图像显示原理

以光点形式显示的回波。每个光点的位置表示回波返回所经历的时间,而光点的亮度表示每一个所接收到的回波的强度。

B 型超声诊断仪是在 A 型基础上发展起来的,B 型超声诊断仪是将回波信号作用于电子束管(CRT)的 Z 轴进行亮度调制,回波越强,光点越亮,这些光点是出现在扫描线的相应位置上,于是可以得到由探头移动和声束决定的平面上人体组织的两维超声断层图像。这种图像在超声诊断中称为声像图。由于 B 型、P 型、BP 型等超声诊断仪能显示人体组织和脏器的断层图像(或切面图像),所以这类仪器通常又称为超声断层显像仪或超声切面显像仪。

由于新型的断层显像仪是采用机械、电子或机械与电子相结合的方法使声速在人体内高速扫描受检查的区域,从而在荧光屏显示器上显示出脏器的实时动态声像图。

4. 超声仪电路工作原理

在超声波回波放大电路中,首先接收到的是强发射信号,其幅值为几百伏,随后接收到的是人体各界面和组织的较弱的回波信号,约几百微伏。从不同深度反射的回波强弱也有差异,这些都会影响屏上图像的清晰度。因此,若要使回波信号得到充分的放大,同时又不致使很强的发射信号和很强的回波信号在回波放大器中饱和过载而造成信号阻塞,这就要求回波放大电路具有很大的动态范围。动态范围的选取要根据诊断中显示的要求,例如,频率为 2.25MHz 的超声波,临床诊断上所需的动态范围为 100dB。检查深度不同所需的动态范围也略有不同,如腹部诊断需要大于 100dB,而心脏诊断中取 80dB 已基本满足要求。由于超声回波信号具有较大的动态范围。因此,回波放大电路也必须具有与之相适应的动态范围。回波接收放大电路要求在接收微弱信号时具有足够高的增益;同时要求在接收强信号时增益相应地降低。为此必须对回波放大电路的增益进行手动或自动控制。

控制晶体管回波接收放大器的增益,可以通过改变晶体管的直流工作状态来实现。常采用的方法是把控制电压加到基极上。为了使从深度不同而性质相同的界面反射回来的信号,能在荧光屏上有相同(或相近)的反映,通常还采用灵敏度时间控制(STC)电路,也有采用时间增益补偿电路(TGC)来自动控制回波放大器的增益,使放大器在刚接收到发射脉冲(始波)之后立即降低增益,随后按时间(即深度)逐步增大放大器的增益,从而使超声波在传播过程中的衰减所引起的近距离反射波强和远距离反射波弱的情况得到相应补偿。

【实验步骤】
　　1. 接好电源线、地线、探头的连线。
　　2. 打开电源开关,显示灯亮后即可进行操作。
　　3. 将增益旋钮旋转至中间位置。
　　4. 设定诊断深度,将控制杆调至适当位置。
　　5. 调好荧光屏上的亮度、对比度,聚好超声波束焦点像大小。调好动态范围,选择图像的大小。
　　6. 将超声传导耦合剂涂在患者的待测部位。
　　7. 用右手握住探头,垂直放在检查部位,并在附近来回移动。
　　8. 将(STC)扫描调整拨钮调好,使荧光屏上所显示的不同深度的图像具有相同亮度。
　　9. 旋转 CALIPER 1 和 2,使游标光点跟踪病灶部位并卡住待测体两端,荧光屏上便立即可显示其大小的数字。
　　10. 若需拍下诊断部位的断层图像,并在照片上记下时间、日期、姓名、内脏名称等,可按下对应的薄膜开关便可达到目的。

【注意事项】
　　1. 开机使用前必须连结好探头,而且使用过程绝对不能取下探头。
　　2. 探头不能碰击,使用完毕应用细布轻轻擦净探头的表面,或用专用清洁剂清除粘在表面上的粘度很高的耦合剂,以备下次再用。
　　3. 接电源时要注意主机要求的电压值,切勿插错电源,最好使用稳压电源以保证主机正常工作。

思 考 题

　　1. 超声诊断仪为什么可以检查人体多种疾病,主要根据什么道理?
　　2. 使用超声诊断仪的 B 型比 A 型有哪些主要优点?